听懂暗示语
把话接漂亮

吉光片羽 编著

江西美术出版社
全国百佳出版单位

图书在版编目（CIP）数据

听懂暗示语，把话接漂亮 / 吉光片羽编著 . -- 南昌：江西美术出版社，2023.5
ISBN 978-7-5480-8736-6

Ⅰ. ①听… Ⅱ. ①吉… Ⅲ. ①人际关系学－语言艺术－通俗读物 Ⅳ. ① C912.11-49

中国版本图书馆 CIP 数据核字（2022）第 120170 号

出 品 人：刘　芳
企　　划：北京江美长风文化传播有限公司
责任编辑：楚天顺　朱鲁巍　　策划编辑：朱鲁巍
责任印制：谭　勋　　　　　　封面设计：冬　凡

听懂暗示语，把话接漂亮
TINGDONG ANSHIYU, BA HUA JIE PIAOLIANG

吉光片羽　编著

出　　版：	江西美术出版社
地　　址：	江西省南昌市子安路 66 号
网　　址：	www.jxfinearts.com
电子信箱：	jxms163@163.com
电　　话：	010-82093785　　0791-86566274
发　　行：	010-88893001
邮　　编：	330025
经　　销：	全国新华书店
印　　刷：	三河市燕春印务有限公司
版　　次：	2023 年 5 月第 1 版
印　　次：	2023 年 5 月第 1 次印刷
开　　本：	880mm×1230mm　1/32
印　　张：	7.5

ISBN 978-7-5480-8736-6
定　　价：36.00 元

本书由江西美术出版社出版。未经出版者书面许可，不得以任何方式抄袭、复制或节录本书的任何部分。
版权所有，侵权必究
本书法律顾问：江西豫章律师事务所　晏辉律师

序

　　献给曾经被误会和自以为被误会的人

　　辫子戏里常有这样的"名场面"：主人说"上茶"，客人立刻起身告辞。茶可迎客，亦可逐客。所谓"上茶"，其实是一种文雅的逐客令，如果不识相，接下来主人可能就没有好脸色了。

　　古代中国，有所谓"汤敬客辞"的暗示语。在我老家，仍留有类似的习俗。如果宴席最后上的是一道滚烫的鸡蛋汤，那是主人在暗示自己还有事，没时间再陪客人，客人喝完这道汤就应该尽早告辞，不要再耽误主人的时间了。这种滚烫的鸡蛋汤，也被戏称为"滚蛋汤"——喝了就要走了。

听话听音，看人看心

　　古希腊哲学家德谟克利特有一句名言："只愿说而不愿听，是贪婪的一种形式。"这是告诫人们，要懂得倾听。西方还有

| 听懂暗示语，把话接漂亮

一句箴言："一句话说得合宜，就如金苹果落在银网子里。"讲的是"接话要漂亮"，能把话说到人的心坎里，才叫真本事。

所谓"接话漂亮"，就是说出合宜的语言。

人类语言有一个共性，那就是意义的隐含性。正所谓"话里有话，弦外有音"。每一场谈话里都有两种对话，一种是字面意义上的对话，另一种是有意或无意的暗示性对话。有时候，两种对话意思一致，但多数情况下，它们并不相同。

在所有文化中，交际在很大程度上都是隐含和间接的，只有小部分意义依赖于词语本身，而大部分意义是通过暗示、假设和听话人的"脑补"传递的。所谓"听懂暗示语"，说穿了就是全方位理解他人试图表达的想法。

判断对方的真实意图，是接话的关键

《红楼梦》中，花袭人是贾宝玉屋里的大丫鬟之一，以"花解语"著称。贾宝玉的母亲王夫人不喜欢贾宝玉身边大部分"莺莺燕燕"的大小丫鬟，后来也赶走了不少她眼中的"狐狸精"，但唯独对袭人另眼相看。

在书中，贾宝玉因丫鬟金钏儿跳井被父亲贾政动家法打了之后，袭人与王夫人有了第一次正式的接触。借着这次主仆对话，袭人在王夫人面前树立了"识大体""懂进退"的形象。袭人向王夫人进言需要好好管教宝玉，同时为防众人口舌诋毁，需要贾宝玉挪出大观园才好，这些恰好说到了王夫人心里去，直指外表慈爱宽厚的王夫人到底渴望什么、恐惧什么：贾宝玉的成长不能出现名誉上的闪失，因为"保全了他就是保全了我"。

每个人都有自己的渴望和恐惧，秦始皇派徐福寻找长生不老之术，给了他大量的物质和人力支持。

难道秦始皇一点也不怀疑徐福在骗他吗？

当徐福揣摩出秦始皇是真的渴望长生不老时，徐福就向他贩卖希望。

这个时候，谁要是敢向秦始皇谏言说："这世上的长生不老术都是骗人的。"那就是煞风景，扼杀了皇上的希望，那可是触逆鳞的大罪。

骗子能从微妙的非语言线索和随口评论隐含的深沉意义中，找出你最害怕或最渴望的东西。一旦找到，他们就知道如何操纵你。但不得不说，有些时候，操纵和被操纵是一种共生关系：一个愿打，一个愿挨。但不得不说，理解对方话语的真实意思，判断对方的真实意图，是接话的关键。

接话如接球

英国政治家本杰明·迪斯雷利有句名言:"你若想赢得一个人的心,就得允许他把你驳倒。"这就像是两个普通人在打羽毛球,最好能照顾对方的技术水平,让球在空中多飞一会儿,双方才能玩得尽兴。如果不是专业选手之间过招,尽量不要用刁钻的技术把对方打得毫无招架之力,否则下次人家就不愿意再和你玩了。

詹妮·杰罗姆,是美国百万富翁、《纽约时报》股东之一的伦纳德·杰罗姆的女儿。她是公认的华尔街最漂亮的女孩,也是英国贵族圈的名媛。她被人称为伦道夫·丘吉尔夫人。她后来有一个大名鼎鼎的儿子,就是英国首相丘吉尔。

政治家本杰明·迪斯雷利和威廉·格莱斯顿是当时英国两位对立的大臣。

詹妮·杰罗姆在回忆录中描述了跟两人分别共进晚餐的感想:"坐在格莱斯顿旁边吃完晚餐后,我觉得他是全英国最聪明的男人。但是坐在迪斯雷利旁边,走出餐厅时,我觉得自己是全英国最聪明的女人。"

怎样接话才算漂亮呢?

人与人之间的沟通,更像是参加一场球类运动。

请注意,运动,而不是锦标赛,要适度照顾对方的感受,才能让球不断地打来打去。所以,能赢得人心,接话才算漂亮。

也就是说,让对方获得喜悦感,是接话的原则。从更深远的角度来看,让与你沟通的人感到喜悦,会进一步产生积极的连锁反应,从而达到事半功倍的效果。

显然,詹妮更喜欢跟迪斯雷利一起用餐。迪斯雷利是犹太人,当过两任保守党首相,他不但是一流的演说家,更是超一流的听众。

本杰明·迪斯雷利擅长把话题转向身旁的人,这让他成为维多利亚女王的宠臣。选战期间,女王毫不掩饰自己对迪斯雷利的偏爱胜过格莱斯顿,有些人甚至觉得有违宪之虞。

迪斯雷利的接话艺术,其实还有一个学术化的称谓,叫作"支持型回应"。善于雄辩滔滔、跳转话题,固然是一种口才。但优质的对话绝不是以自我为中心,更不是"抬杠"。人与人之间的对话,是一种互动,不独占话题,才能宾主尽欢。诚如戴尔·卡耐基所言:"在辩论中,获得最大利益的唯一方法,就是避免辩论。"赢得辩论远不如赢得人心。

关于本书

正所谓"听话听音,看人看心"。如何不被误解,如何真正领会对方的意图,这是语言沟通所要解决的一个根本问题。

本书以语言心理学、人类行为学为基础,从聆听和发问的技巧,说话的方法,到微表情、肢体语言的捕捉,切入话题的方式,转换话题的技巧等方面,探讨说话艺术。

目　录

第一章　成年人世界里的谈话规则
主管讲话，往往话里有话　　　　　　/003
贾母才是暗示语高手　　　　　　　　/006
听懂讳饰与讳语　　　　　　　　　　/009
出门看天色，入门看脸色　　　　　　/010
人在职场，要听懂弦外之音　　　　　/012

第二章　弗洛伊德式"察言观色"
口误与暗示语　　　　　　　　　　　/017
语言就像一座冰山　　　　　　　　　/019
语言风格会出卖一个人的内心　　　　/022

人在说谎时，鼻子真的会有改变　　　/025

双臂交叉到底意味着什么　　　　　　/026

最诚实的身体部位　　　　　　　　　/027

避而不谈的话题，往往大有深意　　　/030

解释就是掩饰　　　　　　　　　　　/032

第三章　用第三只耳朵倾听

"耳才"是比口才更难的修炼　　　　/037

沟通不是脱口秀　　　　　　　　　　/039

学说话需要三年，学闭嘴需要一生　　/043

三分说，七分听　　　　　　　　　　/046

一位合格的倾听者，该如何接话　　　/048

第四章　称呼之中有玄机

称呼之中所隐含着的权利和义务　　　/057

工作中如何称呼他人　　　　　　　　/059

到什么山上唱什么歌　　　　　　　　/062

了解传统，才不致乱认"家父"　　　/064

第五章 接话是一场传球游戏

不要独占"话语权" /073

传出你"手中的球" /075

没有人可以靠雄辩赢得人心 /077

从对方引以为傲之事谈起 /080

让话题越谈越热烈 /083

第六章 理解暗示语,增加印象分

"道具"的力量 /087

用学识增加印象分 /089

说,还是不说? /090

该表现时,一点都不要客气 /092

多说"是",少说"我" /093

第七章 避免尬聊的万能话题

闲聊是人际关系的第一步 /097

万能话题清单 /098

使用万能话题应注意什么 /101

先给对方"安全感",他才可能深入交谈　/102
获得对方好感的说话技巧　　　　　　/104

第八章　模糊处理的接话艺术

模糊处理,减少摩擦　　　　　　　　/111
模糊语言术　　　　　　　　　　　　/114
不得其人而言,谓之失言　　　　　　/116
直言直语会伤人　　　　　　　　　　/119
不懂模糊语,只会陷入被动　　　　　/121

第九章　活化人际的幽默接话术

用幽默虚化焦点　　　　　　　　　　/127
幽默是人际交往的润滑剂　　　　　　/130
用幽默化解困境　　　　　　　　　　/132
最佳批评方式　　　　　　　　　　　/136
倜傥谈笑,暗藏锋芒　　　　　　　　/139
即兴幽默,来自厚积薄发　　　　　　/144
幽默使人魅力长驻　　　　　　　　　/153

第十章 赢得人心的赞美接话术

赞美初见者,怎样抓住那个点　　/163

赞美是一种口德　　/165

不要吝于赞美　　/167

赞美的话没人不喜欢听　　/169

屡试不爽的间接颂扬法　　/172

"二手玫瑰"更芬芳　　/174

赞美要得体、优雅　　/176

第十一章 化解冲突的柔性接话术

让你说出的 No 像 Yes 一样悦耳　　/183

化"尖刻的指责"为"真诚的关切"　　/184

骑马的最好方法是顺着它的方向跑　　/187

对朋友客套适可而止　　/189

说客气话应注意的事项　　/191

第十二章 真心尊重,是唯一的原则

表达你的真诚　　/195

与人交谈时要保持充分的敬意 /197

警惕自己的"弱者心态" /199

让对方产生亲近感的技巧 /202

记住他的名字 /203

表达善意是友谊的开始 /206

用"我们"代替"我" /208

第十三章 打圆场、铺台阶的接话艺术

如何为人打圆场 /213

给对方一个台阶 /216

拒绝的"缓冲垫" /218

成年人世界是如何说"不"的 /220

结束语 /223

第一章 成年人世界里的谈话规则

古希腊哲学家爱比克泰德有言："上天给了人类一张嘴、两只耳朵，无非是要我们多听少说。"所谓口才，并不在于辞藻是否华丽，见识是否广阔，而在于能不能切中要害，赢得人心。当一个人有了"耳才"，口才就是自然而然的事情。

在成年人的世界，总是充满了各种暗示语。

诸如职场、商场、情场等场合，暗示语很多，能领会其中微妙，方能做出正确的应对，甚至还能做出令人击节赞赏的应答。

主管讲话，往往话里有话

人在职场，言行举止往往会受到各种因素的羁绊。很多话，不能明说，又不能不说。所以，很多时候，经理、主管的讲话，往往是话里有话。

柯立芝毕业于美国雪城大学，曾当选美国第30任总统，共和党籍。

相对于其他美国总统的高谈阔论，柯立芝的语言风格却以简洁著称，甚至连他最后一份遗嘱和遗书也只有23个字。因此，柯立芝被美国人称为"缄默的卡尔文"。

柯立芝属于"人狠话不多"的角色，也是一位善于使用"暗示语"的高手。柯立芝只要一开口，往往能句句击中要害。

在某次白宫宴会上，一位女士与柯立芝十分器重的某位大使展开了唇枪舌剑的争论。这位女士故意贬低对方，说他粗野、鲁莽、无知。这时，一只大黑猫懒洋洋地跑到餐桌旁，靠着桌腿蹭起痒来。柯立芝转过身对右边的人说："这只猫已经是第三次到这里来捣乱了。"

柯立芝这句话说得很响亮，在他左边的那位"凶悍"的女士听见了,马上就安静下来了。整个宴会期间,再也没有听到那位女士大声嚷嚷。

对于任何一位总统来说,其必须一直保持彬彬有礼、温文尔雅的形象。柯立芝在这样的社交场合大声指责一只猫,这种指桑骂槐使在场的人心照不宣。用猫来指那位"凶悍"的女士,说她像猫一样无礼,是故意来捣乱的,便是柯立芝想要表达的意思。这样既巧妙地表达了自己对那位女士无聊争执的反感,也不致影响午宴的气氛,可谓一语双关。

柯立芝律师出身,但自从当选总统之后,发言就格外慎重。尤其是在面对媒体的时候,可谓惜字如金。柯立芝在他总统任期快要结束时,发表了一个声明:"我不打算再干这个行当了。"

记者们觉得他话里有话,于是就缠住他不放:"请您解释一下为什么不想再当总统了?"

最后柯立芝实在是没有办法,就把一位记者拉到一边对他说:"因为总统没有提升的机会。"

柯立芝发表这样的声明,实在是出乎人们的意料。因为在他任期内,经济一直都很繁荣,甚至出现了著名的"柯立芝繁荣"。对于他来说,完全有机会再次争取连任。但是他却选择了放弃,所以记者才会认为他话里有话。

实际上，柯立芝是用一种幽默的方式，表达了对自己政治生涯的明智态度。就当时的情况来看，他拒绝了党内提名，因为他已经看出美国的经济又一次走向了不景气的边缘。而自己能否有这个能力，再次挽救美国经济，就不得而知了。而且当时柯立芝已经56岁了，也到了退休的年龄，何不趁着此次机会，将总统之位留给更能干的人？不是真的因为总统没有提升的机会，而是急流勇退的一种明智之举。

柯立芝的这种语言风格，也对后来的美国政治家产生了影响。

在白宫一次讨论削减预算经费的会议上，里根总统风趣地对大家说："有人告诉我，紫色的软糖是有毒的。"说着，他随手拿起一粒紫色的软糖塞进嘴里。

里根所为，其实就是一种暗示语，他要以此态度暗示：不管别人怎样反对，他将要大大削减政府开支的决心都不会动摇。

贾母才是暗示语高手

作家刘心武在《百家讲坛》揭秘《红楼梦》时认为，其实贾母才是真正的家族政治高手。刘心武说："你可别小看贾母这个人，她虽然上了些年纪，能耐却很强，十个王熙凤绑在一起也顶不过她一个。在搞家族政治方面，贾母的水平绝对一流。'从我们家四个女孩儿算起，都不如宝丫头。'听话听音，你细琢磨，就会觉得她很恶毒。"

在《红楼梦》中，贾府上下层层宗法等级关系里，"老祖宗"贾母是处于最高地位的"太上"家长。人老年迈的贾母为何会成为政治高手呢？

刘心武指出，《红楼梦》中有很多地方都有描写贾母所说的话，但这些话并不是直接说的，而是话里有话。

在薛姨妈的宣传攻势下，贾府已经有了宝钗和宝玉"金玉良缘"的舆论铺垫。在元妃省亲，赏赐节礼时，特意使赏赐给宝玉和宝钗的礼物分量一致，显然是认同了这份"金玉良缘"。一切都表明，贾、薛两家已经对婚事达成了某种共识。

但是，贾母的政治手段就体现在对薛宝钗暗中的明褒暗贬上，如果不细品，是很难理解其中意味的。

当时人人都说薛宝钗好，而薛宝钗也确实处处表现得优人一等。贾母说："从我们家四个女孩儿算起，都不如宝丫头。"这句话表面上是对薛宝钗的肯定，实际上则是一种否定。因为贾母说"从我们家四个女孩儿算起"，四个女孩儿为首的便是元春，而元春又是贵妃。薛宝钗就是心气儿再高，也无法和贵妃娘娘比。这才是贾母话里所要表达的真正意思。听话听声，锣鼓听音，你细琢磨，就会觉得这句话有点恶毒。

在贾府中，贾母和王熙凤是"宝黛恋"的推动者，对于"横刀夺爱"的薛宝钗，贾母从来没有把她娶来作为爱孙宝玉正妻的打算。

在清虚观时，张道士要为宝玉说亲："前儿在一个人家看见一位小姐，今年十五岁了，生的倒也好个模样儿。我想着哥儿也该寻亲事了，若论这个小姐模样儿，聪明智慧，根基家当倒也配得过。但不知老太太怎么样？小道也不敢造次，等请了老太太的示下，才敢向人去说。"

张道士主动向贾母提起了宝玉婚事，并称瞧见了一个和宝玉般配的女孩，特意来禀告贾母。可接下来贾母的话却让人有点懵："上回有和尚说了，这孩子命里不该早娶，等再大一些儿再定罢。你可先打听着，不管她根基富贵，只要模样配得上就好，来告诉我。便是那家子穷，不过给他几两银子罢了，只是模样性格儿难得好的。"贾母回绝的话很是直接，却也很是委婉。

张道士这个"十五岁"是重要信息，因为宝钗正好十五岁。提及宝玉婚事的时机又是在元妃赏赐之后的关键节点上，所以人们很容易把这个十五岁的女孩儿看作宝钗。

既然张道士已经点明有一位年方十五的小姐，可贾母却还是先让他打听着，不过是模糊的外交辞令而已。

贾母的暗示语就是：宝玉的正室已经有人选了，但张道士可以帮宝玉留意找个漂亮的侧室、小妾，"不管她根基富贵，只要模样配得上就好"。这是因为，古代讲究"贤妻美妾"。所谓"模样配得上"指的不是黛玉，虽然黛玉家道中落，寄人篱下，但林如海留有大笔的遗产寄存在贾府。黛玉要出嫁不存在嫁妆的问题。

张道士来给宝玉说亲，是要说"正室"的亲，贾母不问而拒。贾母却又吩咐他，让他给宝玉留意找个漂亮的侧室、小妾，实在令人不得不思考弦外之音。

贾母想通过这种暗示语的方式告诉薛姨妈等人：宝钗已经十五岁了，我家宝玉还不急着成亲，宝钗就不要一棵树上吊死了。王熙凤从贾母的话中听出了暗示语，立刻在旁插科打诨，以换寄名符为理由，将张道士支开。

听懂讳饰与讳语

几千年来，中国以"礼仪之邦"著称于世。

在中国北方，老人故世了，以"老了"讳饰。生活中，对跛脚老人说"您老腿脚不利索"、对耳聋的人说"您耳背"、对孕妇说"您有喜"、长途汽车停在路边让旅客如厕以"让各位方便一下"来避讳；用餐时需上厕所，一般以去"洗手间"来避讳。总之，在语言交谈中讲究讳饰，也就是"矮子面前莫说矮"，应做到"哪壶不开就别提哪壶"。在社交场合用这些讳饰式的委婉语，不至于大煞风景。

在古代，还讲究为尊长或贤者"讳过"和"讳耻"。孔子所作《春秋》中"为尊者讳，为亲者讳，为贤者讳"就是这个原则。甚至，对尊长或贤者的过失，采取隐讳回避的态度，这也是"讳"，不过这已是另外一个问题了。

出门看天色，入门看脸色

同样的话，对张三说，张三会全神贯注地听；对李四说，李四却顾左右而言他。同样的话，此一时对张三说，张三乐于接受；彼一时对张三说，他却可能会觉得不耐烦。

这表明说话要区分对象，就算是同一对象，也要区分不同时机。

历史上，赵高要陷害李斯，便拿李斯当枪使：赵高对李斯说秦二世耽于享乐，不利于朝政，劝李斯进谏，并约定趁二世有闲的时候，代为通知李斯。

一天，李斯应约进宫，二世正与姬妾取乐，看见李斯进来，心中很不高兴，而李斯却茫然无所知，正言进谏。二世只好当时敷衍一下，等李斯一退出，二世便开始发牢骚，说丞相瞧不起他，什么时候不好说，偏在这个时候来啰嗦！李斯的杀身之祸也因此而生。

可见，要向对方进言，应该注意什么时候最为适宜。当对方正在紧张工作时、焦急时、盛怒时、放浪形骸时、悲伤时，不要去进言，否则一定会碰一鼻子灰，不但说话的目的达不到，反遭冷遇。

通常，有得意的事，就该与得意的人谈；有失意的事，就应该和失意者说。和失意的人谈你得意的事，会被误认为你在挖苦、讥讽他，他对你的感情只会更坏，不会更好；和得意的人谈你失意的事，他至多表示同情，却难以共鸣，有时还可能引起误会——以为你是要请他帮忙，他会预先设防，使交谈变了味道。

所以，要诉苦就找相同情形的人，同病相怜；要谈得意事就找得意的人，志同道合。有的年轻人涵养功夫不够，稍有得意之事，便逢人就说且自鸣得意，结果招人笑你沾沾自喜，无意中还会惹得别人妒忌。也有人偶有不如意便满腹牢骚，有如骨鲠在喉，逢人就诉，结果惹人讨厌，说你毫无耐性，甚至笑你活该。

总而言之，要说话，先要看准对象。如果所遇非人，还是不说为好；如果时候不对，也是不说为妙。说话的成功与失败，诚然与说话技巧有关，而是否得其人得其时，也与成败息息相关。多说话，别人未必当你是能干；少说话，别人也未必会小看你。

人在职场，要听懂弦外之音

有些时候，话直接说出来，大家都下不来台。反而是"弦外之音"能达到曲径通幽的效果。尤其是身处商界、职场的你，更需要听懂这些潜台词。

1. 告诉你个秘密，千万别告诉别人

人在职场，八卦能增进感情。公司同事能分享给你的秘密，根本算不上秘密，充其量算是一种"八卦"。

同事告诉你个秘密，并要求你别告诉别人，只是希望你不要告诉别人是他说的。隐藏八卦来源，也是一种道德。你如果想继续下面的话题，就应做出承诺。

2. 事实会告诉你的

生活中，当我们暂时无法说"是与不是"时，也可用这句话来回答。

还有几句经常讲的话，可以拿来作"外交辞令"："天知道。""事实会告诉你的。""这个嘛……难说。"这些话所暗示的

内容都是一样的。

3. 你是这方面的专家嘛

当这句话用于对你提出专业性需求时，潜台词是："你干什么吃的？你要全权负责。"你总要拿出一份专业性够强的方案才可以吧。

4. 挺好的，发给老板吧

我有一位同学，毕业时写的第一篇论文是抄的。拿给导师看，导师笑道："挺好的，要不发到某某期刊上吧。"这位同学一听就慌了，也明白导师在委婉地批评他的论文抄袭，需要做较大的修改。

有的时候，说话方式不是直接地表达，而是话中藏话、话中带话。这种说话方式不仅会让人感到"面面俱到"，而且也会使自己的意图明显地表达出来。比如，职场上，你有一份提案，想让同事提提意见。同事不便直说，也可能会用类似的暗示语。比如："挺好的，要不发给老板吧。"那意思是说：这份提案真烂，虽然我不便驳你面子，老板是不会客气的。

5. 和你聊得真开心

当你和一个人聊了很久，要离开时，要懂得委婉地告辞。可以用"和你聊得真开心"之类的套话做一个过渡，然后说你还有其他事。

——抱歉,我真的要走了,我老板正在外面等我。

——我真要走了,几分钟后我还有约。

——刚刚小李给我发消息说在等我,抱歉了,我得先过去了。

当然,这也是别人暗示和你聊得差不多了,要走了的意思。

第二章 弗洛伊德式『察言观色』

我们能否窥透一个人的内心？

答案是肯定的。仔细观察其言语、表情、行为、肢体语言等就可以推测出对方的想法。

潜意识这个心理学概念，是弗洛伊德最重要的发现之一，也是古典精神分析学最核心的概念之一。潜意识又叫"无意识"，是相对于意识而言，个体难以觉察到的心理活动。

口误与暗示语

　　心理学家西格蒙德·弗洛伊德是精神分析学派的鼻祖，他有一句名言广为人知："所有的口误都是潜意识的真实的流露。"

　　弗洛伊德在其著作《日常生活的精神分析》一书中提到过这样一则经典案例：一天晚上，他和弗林克医生在散步时，碰到了已有三年没见的R博士。三个不期而遇的人便到咖啡馆去叙旧，寒暄了几句过后，R博士问起了弗洛伊德孩子的情况。于是，弗洛伊德也很自然地询问突然关心起他家庭生活的R博士是否也已经成家了。出乎他的意料，R博士在冰冷的否定回答后还特意加了一句："我这样的人怎么会结婚呢。"之后便将话题转到了学术探讨方面。

　　R博士说他认识的一个护士朋友遇到了一些问题，想听听弗洛伊德对于此事的看法。他向弗洛伊德诉说道："这个护士卷入了一起离婚案，有个女人在控告自己的丈夫时指控这个护士是第三者，后来他得到了离婚许可证。"由于R博士把"她"这个单词说成了"他"，弗洛伊德不得不补充了一句："你是想说她得到了离婚许可证吧?"

"哦,对,当然是她得到了离婚许可证。"R博士马上纠正道。

出于职业的敏感,弗洛伊德便问起R博士为什么会说走嘴,但得到的却是不胜惊异的回答——"说走嘴的事是人人都有的,有什么值得大惊小怪?"接着,R博士便谈到这件事情导致了那个护士的情绪失常以至于最后变得有点精神失常,他询问弗洛伊德有什么办法可以帮助他的这位护士朋友恢复正常。

弗洛伊德打趣道:"要不是你说你没结过婚,我还以为你是那个女人的丈夫呢。"R博士断然否定了弗洛伊德的推测,过了不多久,便以要去赴约为由离开了咖啡馆。

弗洛伊德坚持认为,如果R博士已婚了,那么他很可能就是那个案例中的丈夫,因为他的口误正好说明了他希望自己得到离婚许可证而不是他的妻子,从而他可以再次结婚,而且不必付给妻子赡养费。于是,弗洛伊德在几天后拜访了R博士的一个邻居兼老朋友,从他那里得知了真实的情况:几个星期前R博士和妻子开始办理离婚手续,麻烦的是一个护士被指控为第三者。

R博士的太太申请的离婚案几个星期前刚刚生效,案件里确实有一位护士被指认为第三者。几周后,弗洛伊德又碰到 R 博士,这次他对弗洛伊德的分析已是心服口服了。

语言就像一座冰山

曹操与刘备对垒于汉中,两军相持不下。曹操见连日阵雨,粮草将尽,又无法取胜,心生烦恼。这时士兵来问晚间的口令,曹操正呆呆看着碗内鸡肋思考进退之计,便随口答道:"鸡肋!"当"鸡肋"这个口令传到主簿杨修那里后,杨修让兵士们收拾行装准备撤兵。

兵问其故。杨修说:"鸡肋鸡肋,食之无肉,弃之有味。今丞相进不能胜,恐人耻笑,明日必令退兵。"于是大家都相信了。曹操的一句"鸡肋",撤军的心思还仅仅是潜意识,杨修却立刻分析出曹操潜意识背后的必然性,比当事人还能看透自己,这种功力太可怕了。这件事被曹操知道了,曹操忌惮杨修能洞察自己内心,便以蛊惑军心之名砍了杨修的头。这便是关于鸡肋的典故。古人云"言为心声,语为心境"。

心理学家常用"冰山"来比喻意识和潜意识的关系:我们

的意识成分好比海平面上露出的冰山一角，只占整个冰山的20%，其余部分都以潜意识的方式存在。潜意识里有根源于心灵深处的欲望、动机、信念与想法。

美国心理语言学家C. E. 奥斯古德认为：语言就像一座冰山。语言符号中显而易见的东西仅仅就像露出水面冰山的1/12，其他11/12往往是隐含的。

俗话说："人有失手，马有失蹄。"生活中，人人都会有出"纰漏"的时刻。很多时候，我们也只把它当作一种正常现象，一笑置之，抛诸脑后。但是，在心理学家眼里，诸如口误、笔误、看错、听错、忽然的遗忘、丢失物品等"纰漏"行为，却是来自我们潜意识深处的信息。

很多时候，潜意识往往会以变化的形式表现出来，比如梦境、神经症或失误，当然也包括我们的日常口误。人们在日常谈话中，也会通过一些有意无意的暗示语折射出其内心的真实想法。

弗洛伊德解释说："比如，我说错了一个词，我可以用很多种方式来说错它，我可以用一千多个其他错误词汇来代替那个对的。然而，在诸多可能的错误中，偏偏发生了这个特殊的错误，究竟有没有原因呢？"

口乃心之门户，无意识状态说的话往往表达的是最真实的想法。口误的内容往往是一个人内心深处真实想法的反映和写照，是揭示一个人内心活动的最直接方式。

弗洛伊德曾与两位女性结伴出游，由于天气炎热，一位女士抱怨道："旅行真不是一件快乐的事情，我们已经在这样炎热的天气下行进了足足一整天。我感觉我的外套和内衣都被汗水浸透了……"接着，她又说了一句让人喷饭的话："不过还好，到了内裤马上就可以换衣服了。"

其实，这位女士本来想说的是"到了酒店马上就可以换衣服了"，结果却不小心说成了与"酒店"发音相近的"内裤"（德语）。这是因为她本来想表达的是自己的外套、内衣和内裤都已经湿透了。由于受到弗洛伊德是男性的条件制约，极为隐私的"内裤"一词不得不被省略。但是她刚刚一不留神,还是道出了自己的本意。

由于弗洛伊德是最早着手研究这类现象的人,所以,心理学家把这种失误称为"弗洛伊德式失误"(Freudian slip)。

"深藏不露"的潜意识并不老实,它有着强烈的表现欲望,一旦人的意识稍不注意,潜意识就会以口误、梦等方式出来表演。由于潜意识中的愿望、冲突、对于"什么是正确的行为"的信念,导致语言、记忆或行动中出现纰漏,这个纰漏的出现打断了原本该出现的语言、记忆、行为。

也就是说,口误作为一种语言表达上的差错正是人们潜意识中的愿望战胜了无法公开表达这种愿望之后的表现。

语言风格会出卖一个人的内心

语言是一个人精神风貌的体现,那些常常挂在人们嘴边的俚语、俗语、敬语、粗话、口头禅等的语言风格,更能说明一个人的气质和修养。比如,喜欢把粗话当作口头禅的人显得有些愤世嫉俗;而喜欢把"无聊""没劲"当作口头禅的人可能比较消极。所谓口头禅，指人在说话时高频使用的某些词语。口头禅在某种程度上可以折射说话人的个性特点。

很多心理学家认为，语言风格是人们的一种下意识的表现，它是人内心中对事物的一种看法，是外界的信息经过内心加工，形成的一种固化的语言反应模式。当出现类似的场景时，话语就会脱口而出。通过语言风格可以窥见一个人的性格与经历。那么，那些常见的语言风格究竟有什么深层次的含义呢？

经常说"应该""听说""据说""听人讲"等的人，往往善于给自己留余地，做事比较谨慎。

喜欢说"但是""不过"的人，喜欢辩解，往往会在内心为保护自己设置一个堡垒。如果这类人从事公共关系，会显得比较委婉和圆滑。

喜欢说"可能""或许""大概是吧"的人，大多自我防卫意识较强，不轻易透露内心想法。

喜欢把"所以说"挂在嘴边的人，大多自恃聪明，自以为是。

喜欢说"对啊"的人，大多自我意识不强烈，也就是俗称的"顺毛驴"，喜欢迎合别人，所以人际关系比较好。

经常连续使用"果然"的人，往往自以为是，有着强烈的以自我为中心的倾向。

经常使用"其实"的人，往往有强烈的自我表现欲望，并且多少有点自负。

经常使用"最后……"句式的人，多半是潜在的欲望没有得到满足。

经常使用"真的"的人，多缺乏自信。

经常使用"你应该……""你不能……""你必须……"等句式的人，往往很专制、固执、骄横，有强烈的领导欲望。

经常使用"我个人的想法是……""是不是……""能不能……"的人，大多善于换位思考，做事比较圆融。

喜欢说"我不行"的人，这种人往往表面上很谦虚，其实很无能。

喜欢说"随便"的人，大多比较随和，但也代表着缺少主见。

喜欢说"绝对"的人，往往比较主观，常常以自我为中心，比较缺乏同理心。

喜欢说"我只告诉你"的人，通常已经把这件事告诉了所有人，这样的人往往不成熟，难以守住秘密。

人在说谎时，鼻子真的会有改变

　　弗洛伊德曾经说过，任何一个感官健全的人，都自信可以守住内心的秘密。但是，当你闭上眼的时候，你的嘴唇就会出卖自己；当你闭上嘴唇的时候，你的手指就会出卖自己。

　　研究显示，人与人之间的沟通，文字只占了7%的影响力，语气和语调占38%，而肢体语言占55%，利用肢体语言交流的信息超过了一半之多。比如摸下巴表示思考，跷起大拇指表示赞赏，用手拍脑袋表示恍然大悟，抓头则表示为难或疑惑……这些手势看似简单，但在日常生活中却扮演了极其重要的角色。

　　童话故事中的匹诺曹，一说谎鼻子就要长一寸。童话毕竟是童话，然而现代科学证实，人在说谎时生理上的确发生着一些变化。科学研究发现，童话故事里出现的一说谎话鼻子就增长的"匹诺曹症状"并非空穴来风，而是有足够的科学依据。科学家解释说，当人撒谎时，他们鼻腔里的细胞组织就会充血，使鼻子较平常更大、更红肿。

　　还有一些变化是肉眼可以观察到的，如出现抓耳挠腮、腿脚抖动等一系列反常的肢体动作。还有一些生理变化是不易察觉的，如呼吸频率的变化，面部肌肉的微弱抽动，口舌等部位出现某些特定反应，手、足等肢体做出某些动作等。

鼻子虽然是人体五官中最缺乏动作的器官，但是鼻子也同样有着自己的语言。说谎者会觉得鼻子不舒服，不经意地触摸它——这是说谎的体现。

双臂交叉到底意味着什么

在人类的所有姿态行为（包括身体姿势和脸部表情）中，双臂交叉在胸前所传达出的消极意义是最容易识别的，同时它也是最有可能影响他人行为的一个动作。

在我们幼年的时候，每当我们紧张、焦虑时就会哭泣，这个时候，监护人就会把我们抱起来安抚。这个习惯就在潜意识里被保留了下来。等我们长大，虽然已经没有人能把我们抱起来了，但我们还是会下意识地自己抱自己。当一个人紧张或有负面情绪时，会下意识地在胸前紧紧交叠双臂。

同时，双臂交叉也被解读为一种"防御性姿势"，双手往胸前一抱，就构成了一道阻挡威胁的有利屏障，似乎它能够抵御迎面而来的威胁。

因此，当一个人神经紧张、消极和充满敌意时，会很自然地把双臂抱在胸前。

这种姿势经常出现在陌生人中间，特别是在不安全的场合，比如电梯里。在交谈中，如果对方双手合抱，你就要留意了，因为对方很可能对你的观点不以为然，尽管嘴上一直表示赞同。

当然，关于手臂交叉，还有更具体的解读，不能一概而论。比如，有一种手臂交叉是托盘式的姿势，也就是用一只手的手掌托住另一只手的肘部，然后再用被托起的手托住下巴。对这种肢体语言，有两种解读：第一种是说明处于思考的状态；第二种是说明对方想引起别人的注意力。比如女性在自己心仪的对象面前有时会做此动作。

最诚实的身体部位

你知道人体的哪个部位最诚实吗？

最诚实的身体语言，不是头部动作、面部表情，因为人是非常善于伪装的。试图探寻一个人真正的想法时，脚部和腿部是首选部位。

行为学家在研究中发现了一个十分有趣的现象：人体中越是远离大脑的部位，其表现就越诚实。

脸离大脑中枢最近，因而并不太可靠。腿和脚远离大脑，绝大多数人都忘记顾及这个部位，可是，它却比脸、手诚实得多。为什么腿和脚能够如此精确地反映我们的所思所想呢？

我们在与他人相处时，总是最先注意他们的脸；而且我们知道，别人也这样注意我们。所以，为了隐藏自己的真实想法，我们常常借表情来掩饰。所谓"有城府"，不过是表现出一副"扑克脸"，或者喜怒不形于色。作为一种社交需要，这当然无可厚非。如此一来，我们用脸掩饰自己的能力也变得越来越强。

所以，人的下肢是最诚实的身体部位。在某次会议上，总经理要求各部门经理分别总结一下近半年以来的工作情况。轮到销售部经理发言时，他整理了一下自己的衣领以后，便面带微笑地开始总结自己部门的工作情况。但是，会议结束后，总经理让销售经理留了下来，说有事要单独和他谈谈。待销售经理坐下后，总经理单刀直入地问道："你为什么要在总结工作时撒谎？"一听这话，那位销售经理顿时满脸通红，连忙向总经理道歉，并请求其原谅自己。

原来，在销售部经理发言的过程中，总经理发现虽然他面带微笑，但嘴角总会偶尔歪斜一下，拿文件的手也在微微地颤抖着，最重要的是，他的双脚在那里不停地滑来滑去。稍微想了一下，总经理顿时明白了其中的原因。

这个例子也说明了相比于不透明的桌子，透明的桌子会给发言者带来更大的压力，因为它会让发言者的双脚呈现在众目睽睽之下，这样发言者脚上的一举一动都会让别人看得一清二楚。由此，人们便可以根据发言者脚上的动作来推知他的心理活动。比如，某些人在参加面试时，虽然他们貌似冷静、镇定地坐在面试官面前，并且还面带微笑，双肩自然下垂，双手动作也显得从容和谐。但当面试官提问后，就会发现一些有趣的现象——他们不安的双脚泄露了他们紧张的情绪和内心真正的想法。

很多面试者的双脚先是紧紧扭在一起，以寻求一种安全感，随后他们会把腿迅速分开，并在那儿摇来晃去，这就表明他们开始打算结束自己的面试了，最后他们会把一只腿放在另一只腿上，上面那只腿还会一上一下地拍动。此时，虽然他们没有动身，可能脸上还带着微笑，但他们已表明他们内心的真正想法——急切地想离开了。有经验的面试官在看见面试者双脚出现此种姿势后，往往会立即结束和对方的交流，然后叫下一个人进来面试。

避而不谈的话题，往往大有深意

心理学家认为，人们避而不谈的话题，往往大有深意。

愉快的谈话，难免会出现"跑题"的状况。不过有时候这种"跑题"并非谈话过程中的自然产物，而是其中一方试图改变话题的有意行为。这种情况值得留意：他避而不谈的话题，可能大有深意。

如果某人对自己的异常行为不解释也不否认，而他平常又非常健谈，那么他就更可疑了。为了避免误解，可以再问他一次，如果他还是不解释、不否认，那么这件事就值得深思了。

比如，有个孩子玩到特别晚才回家，母亲问孩子："你去哪里玩得这么开心啊？"如果是平时，孩子很健谈，会主动谈论晚间活动的细节，但这次他移开目光，简单地回答："还行。"这就有点不正常了，因为他不愿多谈发生了什么事。

一个很喜欢说"我"的人，和极力避免说"我"的人有什么不同?

喜欢说"我"的人,往往喜欢以自我为中心,有着较强的自我表现欲。在言语中高频出现"我要……""我想……""我不知道……"的人,往往思想比较单纯,爱意气用事,情绪也不是很稳定。极力避免说"我"的人,往往城府较深,喜欢刻意掩饰关于自己的一些信息。

心理学家认为,人们在说谎时会自然地感到不舒服,他们会本能地把自己从他们所说的谎言中剔除出去。为了竭力使自己同谎言保持一定的距离,说谎者会在叙述他们的故事时下意识地避免使用第一人称"我"。

所以,如果你向某人提问时,他们总是反复地省略"我",他所讲的话的可信度就不高。比如,要交接班了,你的同事打来电话说,他无法及时赶到,你得再坚持一阵子。理由是"塞车了"。这是谎言吗?很可能是。不过如果他这样说:"我被堵在××路了,前面好像有事故,都快半小时了,我的车还没动。"那他撒谎的可能性就非常小了。

解释就是掩饰

忽略细节或过度诉诸细节，都可能是在撒谎。撒谎者在描述一件事的时候，往往会大而化之、简而言之，语言苍白空洞。

然而，还有一些撒谎者最怕的就是听者不相信自己的话，为了增强可信性，他们会添油加醋，刻意将事情的一些细节描述得有鼻子有眼。殊不知，这种自作聪明的做法，往往是最容易露马脚的地方。

比如，我曾经与一位基层干部发生过一场关于名誉权的纠纷，在法庭互相质问的环节，我向对方当事人提出了一连串的问题后，突然提问："2019年的11月3日你去了哪里？"11月3日只是一个普通日子，假如你是一个诚实的人，正常的反应往往是略加停顿，用心回忆；或者直言相告，记不起来了，已经忘记了。但是，这位当事人不假思索地回答："我在家，哪儿也没去。"

我又问："你消失的那24小时去了哪里？"

弗洛伊德式"察言观色"

对方用颤音回答:"我在家做……做……做饭。"

我又问:"纪检有没有对你提起审查?"

这位基层干部回答:"纪检上?没,从来没有过!"

有些撒谎者为了掩饰事实,会夸夸其谈,自以为高明地编造一些细节。当说到并不是那么重要的信息时,他们似乎都具备了超乎寻常的记忆力,而且通常都会"想起"哪怕是最细枝末节之处。显然这位当事人在撒谎。问他消失的那24小时干什么了,他说在做饭。难道这24小时除了做饭,就没有其他有意义的事情发生?"解释就是掩饰"这句话是有一定道理的。很多撒谎者喜欢用诉诸细节的方法掩饰自己的所作所为,却经常把事情"越描越黑"。

当然,诚实的人肯定能够比说谎者提供更多真实的细节,但是这些细节应该是与话题密切相关的,而不是无法证实、无关痛痒、离题万丈的。

如果一个人的话中混入了过多内容空洞、毫无价值的细节信息,那他就是在制造诚实的假象,这意味着欺骗。

对于绝大多数人来说,要想记住一个时间段的所有细节是不可能的。通常，人们在回忆某个时间段的各种细节时，有时会纠正自己，理顺思路。在这个过程中，他们难免会复述得不太顺利，偶尔中断。但是说谎者在陈述时不会犯这样的错误，因为他们已经在头脑的假定情景中把一切都想好了，面对讯问，已经打好了的腹稿特别会着意描述几个细节加强可信性。不过，这恰恰暴露了他们。

第三章
用第三只耳朵倾听

奥地利精神分析师狄奥多·芮克是弗洛伊德的嫡传弟子。他在1948年出版的《内在之声：用第三只耳朵倾听》一书中指出，倾听是记下潜意识冒出的感受："观察并记录成百上千个小线索，对它们引起的细微效果保持觉察。"对狄奥多·芮克而言，意识到自己的第一反应和直觉，就像用第三只耳朵倾听。

坊间流传许多关于如何倾听的简单技巧。其中多半来自商业顾问和经理人教练，标榜的概念大同小异，大多是"新瓶装旧酒"，或换了更吸引人的说法。诸如：眼神接触、点头、不时发出"嗯嗯"的附和声。基本原则也从未改变，那就是：避免打断对方说话，等对方说完，要重复或换句话说对方方才讲的话，让他们确认你说得没错或纠正你的说法。接下来，你才可以开始说自己想说的话。

其实，倾听最需要的莫过于好奇心。为什么小孩子会有永远问不完的问题？因为小孩子有一颗好奇之心。

倾听就是对他人感兴趣，最后会让双方的对话更加有趣，最终目标则是在结束对话时觉得有所得。

"耳才"是比口才更难的修炼

中国有句俗话说:"言多必失。"它是讲,如果一个人总是滔滔不绝地讲话,说得多了,自然地会暴露出许多问题。说多了,人家会不高兴,说错了还会伤害别人。说得越多,说出蠢话或危险的话的概率就越大。

曾有一位初入外交界的外交官太太,她丈夫经常带她出去应酬。她在那些场合总是感到非常难受。面对满屋子曾在世界各地住过且口才奇佳的人,她拼命找话题,不想只听别人说话。

后来有一天,她向一位不大讲话,但深受欢迎的资深外交家吐露了自己的问题。这位外交家告诉她说:"每个人说话都要有人听,相信我,善于倾听的人在宴会中同样受欢迎,而且难能可贵,就好像撒哈拉沙漠中的甘泉一样。"

会写的不如会看的,会说的不如会听的。拥有良好口才的人,必须同时拥有良好的"耳才",真正会说话的人,必然是善于倾听之人。

古人常说:"听君一席话,胜读十年书。"

一位名人说:"学会了如何倾听,你甚至能从谈吐笨拙的人那里得到收益。"

良好的谈吐有一半要依赖倾听——不仅是用耳朵,还包括所有感官;不仅是用大脑,还要运用你的心灵。

倾听往往和说话同样重要,不善倾听的结果也会同样糟糕。当谈话乏味沉闷时,你常常会精力分散,漏掉关键的字句,以致误会对方的意思,甚至主观地判断对方的观点,而那个观点可能根本不是那么回事。

当别人说话的时候,你是不是双眼呆滞,闷闷不乐,脸上一副冷淡、烦躁的样子?是不是一心等着说话的人喘口气,好让自己插嘴说上几句?你是不是表现出一种消极否定的态度——因为自己想上去讲,所以就对说话的人做出失望、消沉、反抗、攻击的样子?如果是这样,那么当轮到你说话时,无论你把自己表现得多么出色,你仍然算不上一个善于谈吐的人。

在一位教授的语言课上,有一节课是让学生们轮流演讲,然后由其他学生做出评定分析。有一次,教授发现所有的演讲者都把视线从坐在前排的一个年轻人身上移开。这使教授感到奇怪。轮到教授上去做总结时,他留心看了看那个年轻人,他面孔冷漠、双眼无神,目光死盯着天花板。过后,教授把他带到一边，对他说："你本是很有魅力的人，只要你多表现出一些赞许关注的态度，就能大大提高演讲者的兴致，而你为什么不理睬他们呢？"

他很吃惊："我绝不是这样！"他争辩道："我一直在专注地听啊，没有看他们，是因为我怕看着他们会使他们分心，而不能集中精力讲话。我一直在心里思考：这个说法准确吗？那个说法是不是太夸张了？这样的理论能否经得起考验？总之，我确实是在认真地听呢！"

教授告诉他："也许你确实如此，但这不是聚精会神。如果你根本不看讲话的人，那么对于他来说，你就像是戴上耳塞或手捂着耳朵一样。难道你希望自己讲话时，别人也是如此吗？"

由此看来，不仅要善于聆听，而且要学会聆听的方式。

沟通不是脱口秀

高质量的沟通离不开倾听，倾听的重要性绝对不逊于表达。因为缺乏倾听而引发战争、友谊破碎，甚至倾家荡产的例子时有发生。

一些脱口秀类节目中，常看到主持人滔滔不绝或搞笑损人，很少倾听来宾想说什么或鼓励来宾深入话题，因而话题往往流于肤浅。

一些电视和电影上的对话像在说教，不然就是长篇大论，而非在倾听之下有来有往、无限延伸的轻松对话。

不少电视清谈节目的嘉宾虽然颇为活跃，但其实很多都深感寂寞且郁郁寡欢。美国作家桃乐丝·帕克就是电视清谈节目的常客，然而，帕克曾经自杀过三次。

桃乐丝·帕克晚年自省时曾说："那不过是一堆人聚在一起说笑互捧，一群大嘴巴在卖弄口舌，每天存些笑料以备哪天用来耍宝……全都是胡说八道。既然是在耍嘴皮，就没必要说真话。"

而戏剧评论家亚历山大·伍尔考特也很矛盾，一方面他作为嘉宾上这类节目，另一方面他很不喜欢这类节目。在伍尔考特心脏病发过世之前，他甚至说："我从来就无话可说。"

这是因为，上清谈节目的嘉宾群体本来就不是彼此倾听的群体。他们聚在一起不是为了互相交流，只是为了"语不惊人死不休"，在露脸时刻抛出震撼性的话语。这种对话，虽然很"炫"，却没有真正"走心"的沟通。

1. 保持对话敏感度

美国费城 WHYY 电台有一档王牌节目《清新空气》(Fresh Air)，这档节目之所以大受欢迎，是因为这档节目主持人特别强调"用第三只耳朵倾听"。

比如，《清新空气》的主持人特里·格罗斯要访问一位名人，节目组会动用三人来倾听受访者。

《清新空气》的制作团队共有八人，很多人之前都没有太多做广播的经验，甚至全无相关经验。

但是，该栏目遴选制作人的首要条件是"耳才"好，意思是拥有过人的倾听能力，能听出对话的真正内涵，心理学家称之为"对话敏感度"。

有对话敏感度的人不只会留意说出口的话，言外之意和细微的语调变化也逃不过他们的耳朵。他们擅长捕捉微妙的细节，很快就能识破对方是装模作样，还是真情流露。

他们较容易记住别人说的话并享受对话，至少感到有兴趣。一般认为，先有对话敏感度，才能产生同理心。同理他人需要召唤之前与人互动的所感所学，并应用在之后碰到的情境中。

2. 耳才 = 开放心态 + 对话敏感度

所谓的耳才，就是开放的心态，加上对话敏感度；对话敏感度，又跟认知复杂度有关；认知复杂度又和各种阅历、经验相关。

要想察觉对话中的微妙线索，一定要先积累许多倾听的经验。所谓的后天直觉（第六感），不过就是一种辨识微妙线索的能力。

听越多的人说话，你就越能辨识出更多人的倾向，直觉也会越准。

要练就这种技能，必须接触各式各样的看法、态度、信念和感受。《清新空气》的制作团队就符合这个条件，其成员来自各行各业，包括服务生、电影导演，还有民俗研究者。

在节目的剪辑环节，节目组会先统一确认访谈的主题。然后，不同的倾听者之间，会交换笔记。因为三位倾听者的年龄不同，所处的人生阶段不同，所以，节目组会融合不同的观点。

他们对于该如何剪辑这段访谈进行了深入的讨论：

那句引言可以短一点吗？

这句话他说了两次！

那个部分让我很意外！

那个重要吗？

学说话需要三年，学闭嘴需要一生

在很多需要进行售后服务的大企业，都配有平息顾客愤怒的专员。这些人大多数是中年人——忠厚和善，且能静心聆听顾客的怨言。

一些愤愤不平的顾客，往往一见面就大吵大闹，情绪激动。应付这种顾客，需要有很高的修养。

然而，人类是一种古怪的动物，无论生多大的气，一旦尽情发泄之后，多半会自消自解。

这是因为，人将不满全部发泄之后，会产生问题似乎已基本解决的错觉。如果让人把心里话全倒出来，尽情发泄自己的不满，其心情自然趋向平静，怨恨至少也能平息大半，哪怕问题并没有解决。

曾有一家通信公司的经理，向专家请教客服人员与客户冲突的解决办法，说他们那里时有与客户争吵的事情发生，问专家问题究竟出在什么地方。

经仔细调查，专家发现争吵的根本原因在于客服人员对客户的抱怨应对欠佳。

例如，有客户认为某月的电话费高得不合理，前来查询，客服人员却这样回答："我们的一切收费都是经过电脑处理的，绝不会错。也许您家小孩趁您不在，常打长途电话吧！"这种把责任全部推给对方的答复，无异于火上浇油，只能使客户更为愤怒，丝毫无助于问题的解决。

根据这种情况，专家建议客服人员以后凡遇到客户来查询，最好先认真听他把问题讲完，然后说："好的，我一定仔细地重新核实。"

等过了一段时间，再与对方商谈，这时，由于客户已把自己想讲的话全部讲完，且又过了一些日子，其火气已大半平息，所以能客观冷静地讨论问题的原因，这样，事情就好办多了。实践证明，这种方法极为有效。

相反，遇到别人怒不可遏的情况，仍顽强"抵抗"、针锋相对，结果无疑是两败俱伤，不仅不能解决矛盾，反而会加剧双方的冲突。

善听人言者能自觉闪避对方的怨言且充耳不闻，此乃化解对方怒气的心理战术。

某大企业有位人事主管，对处理人事调动问题很有经验，即使是被降职使用的职员，他亦可以使其心情舒畅地接受调动。据他介绍，为做好降职职工的工作，应与之个别交谈，先给对方以时间，充分耐心地倾听对方的意见、想法，一直等到对方把心中的苦闷、牢骚全部倾吐出来，且已感到疲倦时，才说："我非常理解您的苦衷。"

听上司这么一说，对方的情绪即可安定下来，然后继续对其说："假如我站在您的角度看，我将认为这是一次机会，去小一点的营业所工作，其好处是：第一，人际关系好处理；第二，可充分发挥一个人的才干。而且，不少人就是在小营业所干出了名堂，最后被提拔的。"这样一来，使对方的被贬职、受轻视之感荡然无存，高兴地接受了新工作。

这种劝诫方式，是协调人事关系的高明技巧。想要说服一个人，绝不要大发宏论，而应将自己真实的想法按下不表，先聆听对方的意见，直到对方全部倒出心里话，发尽牢骚。

然后再以理解对方的姿态来劝诫、建议。要使对方感到你体谅他，确实在为他着想。最后，于不知不觉间，就让对方轻松地接受了你的意见。

那些解决别人烦恼问题的专家总是在细心听完烦恼者的倾诉后，再以"如果我处于您的位置""假如我是您……"一类的话作为开头语，进而提出自己的忠告。这就使对方产生"他在真诚地帮助我"的错觉，即使眼下的意见事实上于己不利，也难以觉察。

三分说，七分听

通常，表现能力强的人，即使随口说出一句话，也能语惊四座，令人佩服得五体投地。假如彼此的言辞字字珠玑、逸趣横生，当然会产生一见如故、相见恨晚之感；假如彼此的谈话无聊乏味，谈的都是庸俗平淡的一般话题，即使再有第二次见面的机会，同样也不可能吐露真心话。要使自己的谈吐不俗，就必须先仔细聆听对方的谈话，然后才能针对他的话做适当反应。谈话时态度要轻松，开始的时候，尽量避免自己先讲话，让对方先发表意见，以表示尊敬。

如同采访一样，在谈话中引出一些能令对方深入谈论的话题，随时利用肯定的语调和手势表示赞同，造成融洽的气氛。若能够适时插几句表示同意的话，更可以发挥润滑的作用，使得谈话能顺利地展开。

然而，究竟是在什么时候插话，用什么话表示同意最恰当，都必须经过慎重的考虑，最好平时多参考别人是怎么做的，以便自己借鉴。在日常谈话中，也需经常练习，到了正式场合才能运用自如。

其实，要表现自己的讲话特色并不困难，只需稍微用心一点，任何人都能轻易地做到：可配合对方所流露出的喜怒哀乐的情绪，做适当的反应；他高兴地讲话时，你也跟着兴高采烈；当他情绪低落时，你也不妨唉声叹气。总之，一定要随时附和对方谈话的情绪，使谈话的气氛保持和谐。

当你这样做的时候，讲话的人就会因为你分享了他的情绪、赞同了他的见解，而对这种谈话的气氛感到满足，如此一来，就会有第二次、第三次，以至于连续不断的会晤了。在聆听对方讲话的同时，可以随时插话做出反应表达自己的感受，并鼓励对方发表意见，但是要注意的是，必须等到对方讲话告一段落时才能插话。反应快的人听了对方的谈话后，可以在脑中先经过一番整理，然后再一一作答。

轮到自己发表意见的时候，要选用对方听得懂的语言，不管言论的长与短，都要考虑承先启后或转移话题的安排，并且要简洁有力。如果只听对方的话而不发表意见，就不能称为对话，当然也无法达到相互交流的目的了。

总结一下，要想打开人际关系，秘诀就是"三分说，七分听"。接话要漂亮，聆听是前提。

一位合格的倾听者,该如何接话

史蒂芬·柯维在《与成功有约》一书中写道:"从小到大,我们接受的教育多偏向读写的训练,说也占其中一部分,可是从来没有人教导我们如何去听。然而听懂别人说话,尤其是从对方的立场去倾听,实非易事。"的确,听别人讲话是一门艺术,与言者相比,听者在交谈中处于相对被动的地位,全神贯注地认真倾听是其首要任务。

拉里·金是美国著名的主持人,《时代》杂志曾刊登过这样一段话:"拉里·金很会听他的来宾说话。他能注意到来宾说了些什么,而其他主持人很少能做到像他那样。"

拉里·金本人也承认自己成功的窍门是真心诚意地倾听。

当拉里·金在节目里采访来宾时,他会事先记录所要提出的问题,然后依照事先拟好的问题依次发问。不过拉里·金还经常会随着来宾所回答的内容,提出原先不曾想到过的问题,有时,这个不曾预设的问题往往会引来意料之外的答案。

一个倾听能手在倾听过程中如何接话,才会有助于达到最佳倾听效果呢?

在说话时，别人最怕你是一个沉闷而毫无反应的人，所以你对别人的谈话要随时做出反应。有时点头，有时微笑，有时说："是的，我也这样觉得。"有时说："这一点，我不大同意。"有时说："据我所知，这件事是这样的。"有时可说："你说的这点，对我很有用处。"听了别人的妙语警句，不妨高兴地表示赞赏。

著名的女性心理医生莱希曼曾经表示，在心理治疗的过程中，倾听病人谈话是极其重要的一环。医生可以借此掌握病人的心理动态，双方产生"理解与共鸣"，成为诊治的第一个阶段。但是，在倾听的同时，绝不可像个木头人般，任凭对方唠叨。否则，对方必定会兴味索然，而产生不满。如果想提高对方谈话的兴致，使其主动开启心扉，就必须传送出"我正在洗耳恭听"的讯号，以点头表示同意，上身前倾做出关怀状，表情亲切、微笑着安慰对方……同时，用诚挚的语气说话。如："嗯！是的！""我非常了解您的感受……""您的意见很宝贵！"等等，这样，将使对方产生受重视的喜悦。

交谈中的言语反馈主要有以下几种方式。

（1）当对方在同你谈起一件事，因顾虑你可能对此并不感兴趣，显露出犹豫、为难的神情的时候，你可以说出一两句安慰或鼓励的话，如"您能谈谈那件事吗？我不是很清楚""请您继续说""我对这也很有兴趣"等,以示鼓励。

此时,你的插话只是一种催化剂,为了表明一个意图:我对您的话题感兴趣,很愿意听您说这件事,不论您说得怎样。这种接话,能消除对方的犹豫,鼓励他继续把话说出来。

(2)当对方由于心烦、愤怒等原因在叙述中情绪失控时,你也可以插一两句话来进行情绪的疏导:"这一定使您感到气愤吧。""您好像有些烦。""您心里一定很难受吧!"这种接话方式,具有一定的引导作用,这样接话的目的,就是把对方藏在心底的情绪"诱导"出来,对方可能会借此机会发泄一番,甚至或哭或骂都不足为奇。当对方发泄一番后,会感到轻松、解脱,从而能够从容地继续并完成对问题的叙述。

(3)当对方在叙述时透露出想让你理解他所讲的内容时,你可以用一两句概括性的语言来接话,让对方确认自己是否理解了他所说的意思,如"您是说……""您想说的是这个意思吧……""您的意见是……"等。这样接话,既能让对方感到你倾听的诚意,又能让对方帮助你纠正理解中的偏差。

表示特别留意或关心某件事、某个细节或某种观点,可用简短提问的方式进行。例如用"您刚才讲的这件事是在什么情况下发生的?""您对这件事的看法是什么?""这个问题您的看法是对的"之类的问题或话语,则是鼓励表达者继续深谈下去。

值得注意的是，接话不等于插话，打断别人说话是很失礼的行为。

假如一个人正在津津有味地谈论着一件事，这时你突然插上一句话，强行改变话题，这种插话肯定是失礼的，被你打断话的那个人，肯定会认为你鲁莽冒失，大煞风景。所以，对话的时候请记住：

不要抢着替别人说话；

当别人讲一个故事时，不要帮着"剧透"；

不要用无关话题打断别人的谈话；

不要用无意义的评论干扰别人的谈话；

不要纠缠于鸡毛蒜皮的小事而打断别人的正题。

总而言之，一句话：不要轻易插嘴。只有一种情况例外，就是那个人说话的时间明显地拖沓冗长、不着边际、没有营养，甚至引人反感了。他所说的话只会越来越令人讨厌，他已经引起大家的厌恶了。这时，你如果能巧妙打断他的话，大家会觉得你是做了一件拯救地球的事情。

在倾听时要适时做出积极的反应，以表明你倾听的诚意。美国著名的小说家亨利·詹姆斯回忆说：艾略特是个熟练的倾听艺术大师，他的倾听并不是沉默的，而是以各种动作和表情来倾听。他直挺挺地坐着，手放在膝上，除了拇指或急或缓地绕来绕去，没有其他的动作。他面对着对方，似乎是用眼睛和耳朵一起听对方说话。他专心地听着，并一边听一边用心地想着对方所说的话。最后，对方会觉得，自己已说明白了要讲的话。所以，还有一件事需要注意，就是在倾听过程中，体态语言的反馈。

心理学家弗洛伊德认为：凡人皆无法隐藏私情，他的嘴可以保持缄默，但他的手却会"多嘴多舌"。这说明，表达者可以借助体态语言来传情达意，而接受者也可以把体态语言作为反馈的一种方式。例如，在交际或协商中，接受者听讲后的反应若是边微笑边摇头，就是告诉对方他讲的内容其无法接受。微笑语是一种润滑剂，表示委婉的拒绝，不使说者难堪。如果听话之后是瞪大眼睛、怒目而视，举起手指点着对方，甚至头颅颤动，则是一种气愤至极的反应。

狄德罗说过："一个人的心灵的每一个活动都会表现在他的脸上，刻画得很清晰、很明显。"英国著名的温莎公爵所钟爱的那位夫人，其倾听的姿势对人有着强烈的吸引力。这位夫人在倾听别人说话时，肘靠在桌面，手支着面颊，眼睛全神贯注，耳朵也似乎沉醉了，好像恨不得把对方的每个字、每句话都听进去。那副样子像是告诉对方："多告诉我一点——我正在听——迷人极了。"这是一种富有魅力的倾听，使对方得到了尊重，很自然地产生了好感，双方也就在融洽的气氛中加深了友好的情谊。

第四章 称呼之中有玄机

称呼虽然只是人们在社会生活中相互交流的一个符号，却能折射出你对一个人的态度。称呼并不是个简单的措辞问题，而是个大有玄机的态度问题。

称呼之中所隐含着的权利和义务

在曹禺先生的话剧《雷雨》里，蘩漪这个角色是伪君子周朴园的玩物和花瓶。而周家大少爷周萍和姨太太蘩漪两人的关系是新旧过渡时期带有畸形色彩的。

蘩漪是个"母亲不像母亲，情妇不像情妇"的角色。在剧中，其继子周萍开始直呼其名，后来又改叫她"母亲"。直呼其名，是情人的权利范围；而当他另有新欢时，便改用"母亲"这个称呼。

周萍的这一称呼，将后母蘩漪与自己的权责范围廓清了，也拆散了二人原本亲密的畸形关系，其实就是在有意疏远蘩漪。

受到冷落的蘩漪要展开报复，开始制造"雷雨"。其名蘩漪也是大有深意的：蘩，白蒿也；漪，水之纹也。

很少有人去深入研究某个称呼究竟意味着什么，其实，每一个称呼都有一套权利和义务的范畴。

被称为"老师"的人，有义务为学生答疑解惑，同时有权利规训学生。当你叫他"老师"时，你便规定了他的这些权利和义务，或者说你表达了这样的期望，同时你也扮演了这个权利与义务中的角色。

称呼语最能体现人类细腻的感情，对某人称呼的细微改变，往往意味着对他感情与态度的转变。

那些从逻辑上讲不应在交际双方间使用的称呼语，有时反而是搭建某些沟通桥梁的首选材料。当今一些恋人会以"小猪""小狗"甚至"老鼠"称呼对方，被叫者不但不会感觉被侮辱，反而认为分外亲切。

称呼语也是生活中的一种调味剂。一帮要好的朋友，相互指名道姓，甚至叫对方昵称、绰号也都合情合理；而在家庭聚会时，彼此大叫"李总，请上座""王董，请喝酒"时，一种调侃幽默的意味就弥散在这些情理之外的称呼语中了。

客观上讲，交际双方都存在与其身份相配的称呼语，比如学生应该叫教师为"老师"，经理称秘书王琴为"小王"。如果选用了比正常关系更近的称呼语，就会产生亲热或受辱的不同反应。如学生称呼老师姓名，若老师乐于接受，则有一种亦师亦友的亲热感；若老师不接受，学生就可能会受到批评。同样，若经理自作多情地叫秘书"琴"，可能就麻烦了。

工作中如何称呼他人

人在职场,若称呼得体,有助于其迅速融入团队,可避免很多尴尬。

两千多年前的孔子就说过:"不学礼,无以立。"意思是:做人要有礼貌,没有礼貌,怎么来做人啊!职场中,"不学礼,无以立"同样适用。下面讲几条前人总结出来的职场称呼宝典,新入职场的年轻人不可不知。

1."老师"是普遍的称呼

"老师"这一称呼,已经跨越教育界,而进入各行各业。比如在出版业、演艺圈、美容美发行业等都开始广泛使用。新人入职,首先应该对自己所在部门的所有同事有一个大致了解,如果职位明确的人,可以直接称呼他们"张经理""王经理"等;对于其他同事,在不知道如何称呼之前,不妨一律称"老师"。"三人行,必有我师",叫声老师总没错。特别是文艺界、演艺界,对方很欢迎这种简单而尊重的称呼。

2. 偶尔可以喊高半档

有一个常用的技巧是：选择一个比听话人实际地位稍高的称呼语，用这种方式抬高听话人的身份。医院里，病人小心翼翼地把护士们叫成"大夫"；扎破了胎的骑车人长一声短一声地叫修车匠"老板"……都是这一技巧的体现。这种称呼方法所表达的实质内容是说话人的心意——暗示愿以新的关系相处。这种方法能够常常奏效的根本原因在于：人都希望得到对方的认可和尊重。

职场中也可以效仿此法——适时地变个法子"高呼"自己的同事或上司。如明明是张副教授，你喊他"张教授"，他听起来就顺耳多了，通过这种高半档的称呼，暗示出他在你心目中的地位，让他从你这里感受到超越一般的尊重。当然时机要留意好。

无论称呼如何千差万别，"尊重他人"是最基本的原则。尤其是当你希望从别人那儿得到某些帮助时，选择的称呼要特别稳重、尊重。

物极必反，轿子亦不可抬得太高，太高了，坐轿人也会因为不自在而心生反感。如不要故意把医院里正在扫地的清洁工叫作"医生"，也不要冲着满面皱纹的女士大叫"小姐"，尊重要发自内心，更要适可而止。

3. 能简则简，但要注意场合

缩略称呼语，适用于相互熟悉的人群。比如，"李总"是比"李总经理"更亲切的称呼。有一项调查显示，大多数人希望叫全名或后面两个字就很好，占66%；认为叫英文名字最省事的比例是17%。虽然同事之间希望直接叫名字的比例最高，但一旦牵扯上下级关系，领导的职务似乎比名字显得更重要，84%的职场人士对领导的称呼都带职务。

然而，在公共场合或有客户在场时，不要称呼同事的外号，也不要使用一些过于随意的称呼，比如"张大姐""李处""王局"这样的简称。来看看这位先生的教训吧——

有一次，我去向主管领导汇报工作，我的主管领导很年轻，但平时我们都亲热地称呼他"老李"，他也很喜欢这个称呼。我敲门进去后，发现沙发上坐了一个人，我没在意，因为正好入夏，那个人坐在沙发上，衣着朴素，我进去时他的表情淡然，看上去像是来维修空调的。我就直接对领导说："老李，我终于把简报写完了，你看看吧。"我说完后就发现领导的脸色不对，我不明所以。领导清了清嗓子说："亚飞，这是咱们公司新来的黄总。"我当时恨不得有个地缝钻进去。不看场合、看不清对象，使得我一张嘴就犯了礼仪大忌。

聪明的人，在脑海里一定装着无数个称谓，即便对同一个人，也有一大把称呼，在不同的场合，拿出不同的叫法来。因此，这些人常常在工作中游刃有余，节节高升。

到什么山上唱什么歌

如何称呼他人，应讲究入乡随俗。正所谓"到什么山上唱什么歌"，在不同的地域，要根据当地人不同的文化观念、好恶态度去决定选择不同的称呼语。

中国人有敬老的传统，孩子们叫50岁以上的女性为"外婆"，会得到外婆们"乖孩子"的称赞。可若对方是个美国人，结果可能就会不太美妙了，也许她会问："难道我很老了吗？"要知道，人们都很珍爱自己的青春。

有趣的是，我国南北方的文化差异也影响着人们之间的称呼。到了北京，似乎天下一家，满街的"大叔、大妈、大哥、大姐"，让人感觉"宾至如归"。而在上海则要相对保持点距离——称对方"先生、师傅"要保险得多。北方称老年人叫"爷爷、奶奶""姥姥、姥爷"，到了南方则是"阿公、阿婆""外公、外婆"。

俗话说得好："不怕认错，就怕叫错。"

称呼，是社会关系的反映，是人际关系的镜子，也是一个民族文化的重要组成部分。

传统的中国人崇尚谦恭，称自己妻子一般有"贱内""拙荆"，叫自己的儿子更干脆叫"犬子"。听到别人谦称自己儿子是犬子时，万不可跟着称犬子、小犬之类，定要称其为令郎。

有人就闹过"错认家父"的笑话，他在与人的交谈中，把对方的父亲称为"家父"，引起了笑话。

出错率比"家父"高得多，且有点见怪不怪的一个称呼是"夫人"。在古代，这个称呼一般用来尊称诸侯的妻子，后来演变为尊称一般人的妻子。

从理论上讲，不可自己拉着自己老婆的手说"这是俺夫人"，因为这如同牵着自己儿子的小手向别人笑说"这是我家公子"一样滑稽。

这种笑话有时候一不留心就从我们的嘴边跑了出来，所以，要做一个稳重的人，说稳重的话，才能不断强化自己在别人心目中的美好形象。

了解传统,才不致乱认"家父"

其实,很多传统的称谓都很有趣。比如,中国传统礼仪风俗中,"兄"的年龄不一定长于"弟",哥可以称弟为"兄",老师可以称学生为"兄",甚至长辈也可以称晚辈为"兄"。

比如鲁迅在给文学青年写信时称"素园兄""矛尘兄""霁野兄",在信中甚至称许广平为"广平兄"。

传统称谓礼仪中的文化内涵,远比它的字面意义丰富得多。为了避免类似"错认家父"的笑话,我们不妨来重新学习一遍老祖宗留给我们的丰富的称呼方法。

1. 尊称

尊称,也叫敬称,是对对方表示尊敬的称呼。表示尊称所用的词称为敬辞,按敬辞的词性分为以下三种情况。

(1)直接用表敬称的代词。一般是单音节词,常用的有"子、公、君"等,这些均可译作"您"。

(2)用名词代替代词称呼对方。这种词都是双音节词,这种称呼又有三种形式:一般的尊称用"先生、吾子"等;也可用对方所在的处所或手下的人来代表对方，常用的有"足下、陛下、阁下、左右"等；还有用官职身份尊称对方的，如"大王、大夫、将军、公子"等。这些名词也都可译为"您"，陛下是专称君主皇帝，可不译，官职身份的也可不译。

（3）用形容词来称呼与对方有关的人物。这种词一般是双音节词，前一个为形容词，后一个为与人物有关的名词。常见的有如下一些例子。

尊：尊府、尊兄、尊驾、尊夫人；

贤：贤弟、贤妻；

仁：仁兄、仁弟；

贵：贵体（有问候意）、贵姓、贵庚；

高：高朋、高亲、高邻、高见；

大：大礼、大作、大驾。

这些敬辞中，前两种已经慢慢边缘化，基本不用了。而第三种仍在普遍使用，这些尊称既是礼仪的表达，又有亲切感，语言气氛也很和谐。在现代人的电子邮件中，应多加使用，效果很棒。

2. 谦称

谦称，表示谦虚的自称，用来表示谦称的词称为谦辞。可以分两种情况来认识和掌握，一种是用某些名词来代替代词

"我"；另一种是用某些词语称呼与自己有关的人物。前者又可分以下四类。

（1）用自己的姓或名表示谦下，"苏子与客泛舟赤壁之下"（《赤壁赋》）。

（2）用"臣、仆、某、小人"自称，表示谦下，"仆以口语遇遭此祸"（《报任安书》）。

（3）妇女往往用"妾、婢、奴、奴婢"等表示谦下，"同是被逼迫，君尔妾亦然"（《孔雀东南飞》）。

（4）君主常用"寡人（寡德之人）、不榖（不善之人）、孤（孤独之人）"表示谦下，"寡人之于国也，尽心焉耳矣"（《孟子·梁惠王上》）。

后者都是双音节合成词，且前一个词修饰后一个词，从修饰词的词性来看，可分为三种情况。

（1）用形容词来修饰，以示谦下，常见的有：

愚：愚兄、愚弟（此二词中的"愚"都表示"我"）、愚见、愚意（这两个"愚"均可译为"我的"）。

敝：敝国、敝邑（"敝"相当于"我的"）。

贱：贱体、贱躯、贱息（在国君、皇帝面前称自己的儿子）、贱内（称自己的妻子）。"贱"相当于"我的"。

小：小女、小儿、小可。

微：微臣。

卑：卑职。

（2）用动词来修饰，以行为来表示谦下，常见的有：

窃：窃思、窃念、窃闻（"窃"可译为私下、私自）。

伏：伏惟（趴在地上想，在下对上或晚辈对长辈陈述想法时用）、伏闻。

（3）用名词来修饰，以示谦下。在别人面前谦称自己的兄长或长辈用"家"。"家父、家君、家尊、家严"都可用于称自己的父亲；"家母、家慈"称自己的母亲；"家兄"是称自己的哥哥。在别人面前称呼比自己年纪小或辈分低的亲属用"舍"。"舍弟"就是自己的弟弟，"舍侄"就是自己的侄辈。"家""舍"都可译成"我的"。

3. 不同年龄的称谓

人初生叫婴儿，不满周岁称襁褓。

2~3岁称孩提。

女孩7岁称髫年，男孩8岁称龆年。

10岁以下称黄口。

13~15岁称舞勺之年。

15~20岁称舞象之年。

女孩12岁称金钗之年。

女孩13、14岁称豆蔻年华。

女孩15岁称及笄之年。

女孩16岁称碧玉年华。

女孩20岁称桃李年华。

女孩24岁称花信年华。

男子20岁称弱冠。

男子30岁称而立之年。

男子40岁称不惑之年。

男子50岁称天命之年。

男子60岁称花甲或耳顺之年。

男子70岁称古稀或从心之年。

80岁称杖朝之年。

80~90岁称耄耋之年。

100岁称期颐。

4. 社交用语和交友称谓

初次见面说"久仰";请求别人给予方便说"借光";欢迎购买叫"光顾";中途先走用"失陪";等候客人用"恭候";请人帮忙说"劳驾";请人指点用"赐教";求人原谅说"包涵"。

5. 亲友间礼貌称呼

父母同称高堂、椿萱、双亲、膝下。

父母单称家父、家严；家母、家慈。

父去世称先父、先严、先考。母去世称先母、先慈、先妣。

兄弟姐妹称家兄、家弟、舍姐、舍妹。兄弟代称昆仲、手足。

夫妻称伉俪、配偶、伴侣。夫妻一方去世称丧偶。

同辈去世称亡兄、亡弟、亡妹、亡妻。

别人父母称令尊、令堂。

别人兄妹称令兄、令妹。

别人儿女称令郎、令爱。

妻父称丈人、岳父、泰山。

别人家庭称府上、尊府。

自己家庭称寒舍、舍下、草堂。

男女统称：男称须眉，女称巾帼。

老师称恩师、夫子。

学生称门生、受业。学校称寒窗、鸡窗。

同学称同窗。

第五章 接话是一场传球游戏

莎士比亚剧中的独白的确精彩绝伦——演员可以在台上滔滔不绝地独自倾吐衷肠。然而，这在现实生活中却是行不通的。

一个独占谈话，张口闭口都是"我"的人是很令人讨厌的。

沟通不是独角戏，也不是非要压倒对方而后快的锦标赛。沟通是一场你来我往的传球游戏，把话题炒热，让话题继续下去，进而达到沟通的效果，才是目的。

正如卡耐基在《人性的弱点：如何赢得友谊并影响他人》一书中说："借由对他人感兴趣在两个月内交到的朋友，会比两年内试图让人对你感兴趣交到的朋友还多。"

不要独占"话语权"

独占谈话是对自己的放纵,这种人对于听众的叹息、迷惘、皱眉、否定,以及其他任何话题都无动于衷、不予理睬。然而,最可悲的是,他们这种自我陶醉往往是一种自恋。

谈话者必须像汽车司机一样随时注意红绿灯。对于谈话者来说,一方面是听众愉快、专心、赞同的信号,另一方面则是厌恶、烦躁、否定的信号。如果他没有注意红灯,还继续接着往下说,终究会发现使他谈话失败的正是自己。也许听众张开嘴巴有时完全是因为听得兴奋,而并不是想插嘴打断你,即使如此,你还是不能忘记红绿灯,让别人先走一步,你自己并不会损失什么。如果听众真的被你的机敏与才智所吸引,他们会不断亮出"说下去"的信号。

有些爱开玩笑的人也是如此,尽管他们的玩笑并不精彩,可他们还是被一股奇特的冲动所驱使,总是想说笑话,其实这种人自己正是真正扼杀谈话效果的人。

著名保险推销员克里蒙·斯通说:"起初,我一直试着向每一个人推销。我赖在每一个人面前不走,直到对方腻烦。而我在离开他之后,也是筋疲力尽。"很显然,这样做的效果对于推销业绩无所助益。

后来,克里蒙·斯通决定:"并不一定要向每一个我拜访的人推销保险。如果推销的时间超过预定的长度,我就要转移目标。为了使别人快乐,我会很快地离开,即使我知道如果再磨下去他很可能会买我的保险。"

谁知这样做竟然产生了奇妙的效果,克里蒙·斯通的订单竟然与日俱增。因为有些人本来以为他会磨下去的,但当他愉快地离开他们之后,他们反而会来找他,并且说:"你不能这样对待我。每一个推销员都会赖着不走,而你居然不再跟我说话就走了。你回来给我填一份保险单。"

任何人都不喜欢别人喋喋不休地向自己宣传,也不希望对方夸夸其谈,毫不在意自己的感受。很多时候,你在发表自己的言论时,其实决定权在对方的手中,因为他是受众,当他肯定了你的言论,你说的话才是有效可行的。所以如果你经常啰唆不已,就要记得提醒自己不要去浪费别人的时间。

传出你"手中的球"

有时,你的谈话对象一开始就不与你互动,那也许是因为他有些拘束,也许是他太冷漠,或者太迟钝,或者你根本没有提及他感兴趣的话题。

在参加"派对"之前,如果能够从主人那里打听到一些邻座客人的情况,一定会对谈话有所帮助。不过,即使如此,也未必能确保对方一定会开口打破僵持的气氛。也许在用餐时,你不得不和一位骆驼般高傲的律师同座,而你想方设法使他开口却没有办到,那你也不要灰心,接着再试一试。也许你提到国际新闻,他可能无动于衷,但你谈到男足又输了,也许他就很有兴趣。或许,你还可以提起健身及养生等问题。如果上述一切全无效,你还有最后一着棋——你可以碰翻一杯水,让水溅到他的身上。要是这样还不能让他活跃起来,使他开口说话,那么你最好另选谈话的对象吧。

有位学者曾经这么说过:"我对于世界的重要性是微乎其微的,但从另一方面来说,我对于我自己却是非常重要的,我必须和自己一起工作,一起娱乐,一起分担忧愁,一起享受快乐。"

这是完全正确的，人类总是以自我为中心。

如果你对这个最基本的人类本性已不再感到震惊，就会懂得如何调节自己适应谈话了。坦率地说，和对方谈他感兴趣的话题，实际上对你自己也是有益的，尽管他所爱好的和你所爱好的可能不尽相同。你可以先满足他们的自尊心，然后再满足你自己的自尊心。

这是一种自嘲吗？完全不是。

如果你能够谦恭、诚恳地对待你的亲人和朋友，想象着他们对于你有多么重要，你就会发现他们在你生活中的意义的确不容忽视。同时，你还会发现你自己对于他们也变得越来越重要了。我们大家都期望能得到别人的赞扬，而且还会因此更加追求上进。总有一天，你会欣喜地认识到这样一个事实：任何一个看上去有缺陷、不聪明或反复无常的人，其身上都存在着一些美好的东西。心理学家认为，精神病患者一旦开始对别人及其他自我之外的事物产生兴趣，就说明他已经进入康复阶段了。

如果说关注自我到了一定的程度就是疯狂的表现，那么，可以说没有一个人绝对正常。然而，弗洛伊德曾经给"心理正常"下过一个定义，那就是：能够工作和爱他人。我们越是同他人交往——给予关爱而不是索取，我们就越接近正常了。除此之外，你还会有一个收获：你越关心别人，别人也就越关心你；你越尊重别人，你也越能够更多地受到别人的尊重。

如果你能够真正对别人产生兴趣，这种兴趣会自然地溢于言表。你会和他分享甘苦，在他需要帮助的时候尽力去帮助他，你将发现别人教给你的东西要远远超过你能教给别人的。

所以，请不要犹豫，尽快传出你手中的球，注意传递的力道，让别人能够接得住，然后再传回来。你传递的技巧越好，这场游戏就越生动有趣。聊天本身是要让对方了解自己并且增进感情，前提是要开心，所以一切要显得随意、开心、不突兀，和约会一样，开心才是最重要的。

没有人可以靠雄辩赢得人心

有人认为，自闭症其实是一种极端的男性大脑，最大的特点就是难以接收到语言或非语言沟通里的情感线索。

李先生长得眉清目秀，一看就是一个很聪明的人，实际上他也不是假聪明，而是真聪明。他自小就非常勤学，喜欢看书看报，凡是知识，他无不产生浓厚的兴趣，名人演讲、音乐会、展览会，他都是必到、必听、必看。因此，他的头脑真可以算是一部小型的百科全书，天文、地理、历史、科学、政治、经济、文艺、美术，样样精通。这样一个博学聪明的人，本来是人人都敬爱的。

不幸的是，李先生却有一个非常可恶的毛病，就是"雄辩症"。无论别人说什么，他必定加以反驳，一直驳到别人哑口无言为止。他不利用丰富的知识去帮助别人，解决别人的难题，却拿为难别人寻开心，拿别人的窘态来开自己的心。如果别人说某件事是好的，他就一定说是坏的，但如果别人说它是坏的，他就恰巧反过来，改口说它是好的。总之，他是为驳而驳，以驳倒人家来娱乐自己、炫耀自己的知识与才能。结果，有他在场，别人都不开口，让他一个人去自说自话。表面上，他是胜利的，"所向无敌"；实际上，他是孤独的，"为众所弃"。

在社交场合，无论你的知识多么丰富，也不要借此来压倒别人，使人难堪。在别人愿意听的时候，你可以把你所知道的讲出来，给别人做参考。同时，还要声明你所知道的是极有限的，如果有错误，希望大家不要客气，能加以指正。

在听到自己不以为然的意见时，应不应该反驳呢？这要分

几种情形来决定。

（1）如果在座的人，大家都很熟悉，而且经常喜欢在一起讨论问题，那么，就应该根据自己所知，把自己认为正确的道理和真实的情况照实讲出来，给大家做一个参考，否则就失掉了互相讨论的意义，也犯了对朋友不忠的忌讳，被误会为"滑头"。不过，在态度上应该保持谦虚，不要因为自己的知识丰富，就显出自命不凡、自高自大的神气来。

（2）如果在座的人，大家都是初交，你对他们的脾气、身世、人格、作风都不大清楚，那么，对于那些你不同意的意见就最好不要加以反驳，然而也不必随声附和，冒充知音。如果别人问到你时，你可以推说："这一点，我还没有好好想过。"或者说："某人的话，也有他的道理，不过各人看法不同，见仁见智，不能一概而论。"在比较陌生的场合，这不能够称之为"滑头"。但如果自己明明不同意其意见，也大点其头，大加赞许，那才是真的"滑头"，虽然能够获取那个发表意见的人一时的高兴，却被那些冷眼旁观的人所不齿，失掉他们对你的信任。

（3）如果有人在大庭广众之下，发表荒谬至极的意见，或散布对大众有害的谣言，那么就应该提出反驳。但是，在这种场合，就多少需要一点说话的技巧，一方面一针见血地揭露出对方的错误，另一方面又能够轻松幽默地争取大家的支持。切忌感情用事、口齿不清,不但把气氛弄得太过紧张,而且也不能使别人明了你的意见。在这种时候,就需要考虑得十分周全。

(4)倘若自己熟悉的朋友在社交场合说了一些不得体的话,或是发表了很不正确的意见,那么,就要设法替他"解围"——想出一些表面上和他不冲突的话,实际是在替他补充,让别人觉得他的意见并非完全错,只是有点偏差,或是他的本意原非如此,只是措辞上有一点不妥。但事后,却应当单独地向他解释,指出他的错误。

总之,大家见了面,总不免要说话,也就不免会听到自己不同意、不满意的话,对这些话,要采取什么态度,应该根据当时情形,好好斟酌应对妙招。

从对方引以为傲之事谈起

每一个人都有几件自鸣得意的事情,这事情的本身,究竟有多大价值,是另一问题,而在他本人看来,通常会认为是一件值得终生纪念的事。

你如果能事先考察清楚，在有意无意之间，很自然地讲到他得意的事情，只要他对你没有厌恶的情绪，只要他目前没有受到其他不愉快的刺激，在情绪保持常态的时候，他一定会高兴地对你说的。

谈其得意之事必须掌握一个度：处处表示敬佩，但不要过分推崇，否则会引起他的不安。对于这件事情的关键，能够特别提出，加以正反两方面的阐述，使得他认为你是他的知己。到了这种境地，他自会格外高兴，自会亲自讲述，你该一面听，一面说几句表示赞赏的话。

如此一来，即使他是个冷静的人，也会变得和蔼可亲，你再利用这个机会，稍稍暗示你的意思，作为试探，他的反应良好，你便做进一步的适当陈述；如果反应不良，你的话便就此中止，留着这点好感，作为第二次进攻的基点。

这不是你的失败，而是你的初步成功，对于涉世经验很丰富的人，得此成绩，已算不错。你若想一举成功，除非对方和你素有交情，又是正逢高兴的时候，而且你的目的又是很容易令人接受的，否则千万不要存此奢望。

对方得意的事情要从哪里去探听？那当然要另谋途径，在你的朋友之中，是否有与对方交往过的人，如果有，向他探听当然是最容易的。你如能留心报纸上的新闻或其他刊物，平日记牢关于对方得意的事情,到时也便可以应用。此外,随时留心交际场中的谈话,那些场合,谈到对方得意的事情,也很平常。

但是必须注意,对方得意的事情,是否曾遭某种打击而消减,如有这种情形,千万别再提起,引起对方不快。因为对方在高兴的时候,你的请求易于接受;对方不高兴的时候,即使极平常的请求,也可能会遭到拒绝。

比如,他晚年得子,是一件得意的事情,你去道贺,并提出某请求,这是好机会;他新近做成一票发财生意,你去称赞他目光准,引得他眉飞色舞,并提出某请求,也是好机会。诸如此类的例子很多,全在于随时留心,善于运用。

不过当你想提出请求时,第一要看时机是否成熟,第二说话要不卑不亢。过分显出恳求的神情,反而会让对方藐视你,尽管你的心里十分着急,说话的表情还是要大方自然,并且要说出为对方着想的理由来,而不是为你自己打算,这样才有成功的把握。

让话题越谈越热烈

聊天和相处一样，需要惊喜，所以要进行适当的语言刺激。应当注意的是：即使是一个很好的话题，朋友很感兴趣，说话时也要适可而止。若无休无止地说个没完，会令人疲倦，开始的新鲜感也会荡然无存。

说一个话题之后，应当停顿一下，让别人发言，若对方没有说话的意思，这时仍必须由你来主持局面。那么，就必须另找新鲜话题，如此才能引起大家的兴趣并维持生动活跃的气氛。

在谈话当中，朋友的发言机会虽为你所操纵着，但是，在说话过程中，应容许别人说话，让别人有说话的机会。一个好的方法是找机会诱导别人说话，这样气氛会更热烈，大家的兴致更高，朋友之间相处也更融洽。

当说到某一细节时，可征求别人对该问题的看法，或在某种情形下请他试述自己的见解，使对方不至于干听，才不失为一个善于说话的人。如果你的话题转了两三次，而别人仍没有将说话机会接过去的意思,或没有主动发言的意愿,应该设法把谈话在适当的时候结束。即使你精神很好,也应该让朋友休息。自己包办了大半个发言的机会,是不得已才偶尔为之的方法,千万不要以为别人爱听你说话,就不管别人感兴趣与否随便说下去,这是违背了说话艺术之道的。

朋友间最好的谈资,是有"朋友的话"在里面。那种看来不爱说也不爱听的人,常常坐在一个角落里,吸着香烟,当他偶然听见另外一些人哄堂大笑时,也照例跟着一笑,但是,这种笑显然是敷衍的,因为这种笑容随即就收敛了。他的眼光已经移到窗外的墙壁上或者其他的目标上,这种人不会单独来看你。你要明白,这类人或因年纪小,或是学问兴趣较高,而时下在座的其他人比较市井、俗气一点,谈天说地,问题无非是饮食男女或成语俚俗,言不及义,使较有修养的人望而却步,所以,他才独自躲在一角。

对这种朋友,只要你知其症结所在,便可以在几句谈话中探得他的学问兴趣如何,然后再和他谈论下去,这样便很自然地引开谈话内容。只要你恰当地提一些问题,就可以争取到一个增长你学识的机会,他见你谈吐不俗,在这举世混浊中,一定会引你为知己,如此一来,僵局就打开了。

第六章
理解暗示语，增加印象分

给对方留下良好的印象，这是人际关系的第一道"坎儿"。当你能在行为上给予对方好感时，他当然也会用相同的态度给予你回应。不管你的能力有多强，如果第一次见面给人的印象不好，对方自然不会再想进一步地了解你，也不会把你列入他的交际范围。

察人、识人要找切入点，如果彼此个性不合，那么，无论你如何积极地去努力，对方也很难坦诚接纳。

说话、办事要做到位，好不容易有机会，如果不善加利用，随随便便敷衍了事，无法予人深刻印象，则别人自然会立刻把你置于脑后。

"道具"的力量

在一家大公司举行的董事会上，12位董事围坐在椭圆形的会议桌旁你一言我一语地讨论着。其中11位董事面前摆着纸和笔，而另外一位呢，他面前除了纸笔外，还堆了一摞文件资料。

董事们对该次会议的中心议题——有关公司经营战略的转型，每个人都各抒己见，一时之间，争论四起，难成定论。在这一片混乱当中，那位携带了大批文件资料的董事却一直保持着沉默。

在每一位董事起身发言的时候，都会不约而同地向那堆文件资料行"注目礼"。待在座11位董事发言过后，董事会主席遂请最后那位似乎是有备而来的董事说几句话。

只见这位董事站起来，随手拿起自己面前那叠资料上的一张纸，简要地说了自己的意见，便又坐了下来。随后，经过一番简短的讨论，那11位董事一致认为最后发言的那位董事"言之有理"，都同意他的意见，这场纷乱而冗长的争论才告结束。

散会之后,主席赶忙过来与这位一锤定音的董事握手,感谢他所提供的宝贵意见,同时也对其为收集资料所下的功夫表示敬意。

那位董事听了主席的一番话,顿时愣住了,随后不好意思地笑着解释说:"什么?您大概误会了,我手头的这些文件资料和今天开的会根本是两回事!这些东西是我秘书整理出来的一些往年的文件,先交给我看看,如果没有保存的必要,就要销毁了。而我正打算开完会便外出度假,所以顺便把它们也带到了会场。至于我发表意见时手上拿的那张纸,不过是刚刚边听各位发言边随手记下的摘要而已。"

尽管最后那位董事带来的只是一大摞陈年的废旧文件,但试想,偌大的会议室里,11位董事手头最多只有简单的纸和笔,而他却带来了这么多"资料",谁不感到惊讶呢?其他董事一定会认为,这位董事既然带来这么多"资料",说明他下了极大的功夫,做了万全的准备,他的意见必是有根有据。这就是"道具"的力量。

用学识增加印象分

细心注意并牢记一些不为一般人注意的琐碎和冷僻知识,并在适当的时候透露出来,会令人刮目相看。

要活用众多的琐碎知识并不容易,必须严加推敲选择。对自己感兴趣的作品,一定要熟读、精读,这样才能在日常谈话中恰当运用。如"在莎士比亚的作品中,我最喜欢的是《李尔王》",然后把李尔王所处的时代背景一五一十地说出来,做到这一点,听众就会对你另眼相看。所以,只要你提起李尔王的故事,就会让别人产生这样一种错觉——你在莎士比亚研究方面很有造诣。

一位朋友很喜欢运用名言警句。在谈话即将开始时,他会以"歌德曾经说过'更多的光……'"这句话作为开场白而语惊四座,征服听众。

然后隔一段时间再说:"这是歌德临终前留下的'更多的光'的名言。"

大文豪歌德在临终时,遗言是:"给我更多的光吧!"他害怕黑暗，他太留恋这个五光十色的光明世界，他还希望去照亮它。听到这话，听众就会觉得他可能读过歌德的作品并对歌德很有研究，很有真才实学。当然，这位朋友也是相当有才能、博学多识的人物，他之所以这么说，主要是为了引起大家注意、集中精力。不过，他的这种说话技巧很能启发人。

像这样，若能通晓一些别人所不知道的知识，无论多么微不足道，都能获得好的评价。例如，如果你清楚世界各国的狗吠声，或者了解德国的各种酒类，一有机会，就露一手，那么，大家不但不会认为你的这些知识没有用，反而会认为你懂的很多，甚至会给人以高深莫测的印象，所以敬而慕之。

说，还是不说？

沉默是金，这是英语中的箴言。

玩过桥牌的人都知道，打桥牌时两人一组，双方叫牌，目的在于叫出自己的实力和牌型，以打败对方。

初学者往往不分青红皂白，明明没有希望的牌也乱叫，结果把自己的实力和牌的分配状况暴露给对方，使对方轻而易举地获胜。因此"沉默是金"便是初学桥牌者必须掌握的一个基本原则。

保持沉默，可以给对方心理压力，强大的压迫感让对方感觉你深不可测，这样你就已经赢了一半。

鲁迅说："沉默是最好的反抗。"面对挑衅、面对哑语、面对流言，有时候需要针锋相对、以牙还牙；有时候则需要沉默，这种无言的回敬常能使对方自知理屈、自觉无趣，获得比强词辩解更佳的效果。

当然，开口说话也很重要。说话是彼此沟通的最好工具，人与人相处，不能始终默不作声，就算是最沉默的人，在必要时，也不能不说几句。

很多人在熟人面前侃侃而谈，但与熟人讲话不算本领，能与生人讲话，与对方一见如故、相见恨晚，那才是真本领。

片刻的沉默、思索，可以使你说出的话更准确、更有分量。因为真话未必就是真理，实话未必就是事实。所以，非说不可的时候，一定要给真理和事实留有余地，它会使你显得更知性。

沉默就相当于音乐上的休止符，有了它会使音乐更强劲、更有节奏感。

沉默是金，不是不说，而是说得恰到好处。

|| 听懂暗示语，把话接漂亮

说，还是不说，这是个问题。这不是"言论自由"的问题，而是个"风险与收益"的问题。

该表现时，一点都不要客气

上天赋予我们才华，就是鼓励我们把它展示出来。

传统思想，常常对锋芒毕露的人持否定态度，所以，一个人只有在恰当的时机展现自己的才华，才显得如惊鸿一瞥。

一个很有才华的人，通常可以称为才华横溢的人。所谓"横溢"，就是才华的自然流露，让观者意犹未尽。最典型的例子就是王勃。

少年王勃打算到交趾（今越南北部红河流域）看望父亲，路过江西。在这里正巧遇上洪州（今江西南昌）都督阎伯玙为重新整修滕王阁大摆宴席，阎伯玙得知王勃此时也在洪州，便邀请他来参加这次宴会。

滕王阁因长时间没有整修变得破败，这时的洪州都督阎伯玙将滕王阁整修一新，因此举办了一个宴会。阎伯玙还让他的女婿事先准备了一首赞颂滕王阁的诗，以便在宴会上向众人炫耀一下女婿的才华。

宴会开始后,阎伯玙请大家为重修的滕王阁作序,宾客大多是官场老油条,深谙阎伯玙的用意,纷纷推脱。正当阎伯玙想要请自己的女婿写下那首早已准备好的诗作时,王勃却站了出来,挥笔写就名满天下的《滕王阁序》。

在旧时代,王勃的表现稍显出格,但正是这种少年意气,抑制不住的才华,才留下了千古绝唱《滕王阁序》,阎伯玙也不得不为王勃的才华所折服。千古名楼与千古文章融为一体。

时移世易,我们已经进入一个"自媒体"勃兴的时代,每个人都是一个媒体中心,一个人可以尽情展示自己的才华。

一个人的才华,表现在拥有的技能、知识、思想、谈吐、文学创作、艺术等方面,你可以通过文章、短视频等形式发布出来,在恰当的时机,自会有赏识你的人发现你的闪光点。

多说"是",少说"我"

圣哲苏格拉底做了一件历史上只有少数人才能做到的事:他改进了人类的思维方式。直到现在,他仍被尊为世界上最了不起的口才大师。在苏格拉底时期的雅典，重大事务通常通过投票解决，因此口才成为最耀眼的技能。苏格拉底发明了一种方法，能说服最顽固的人。所以他的这套方法，被人称为"苏格拉底牛绳"。

他的方法是什么呢？他是否对别人说别人错了？没有，苏格拉底才不会呢！他太老练了，不会做出那种事。

"苏格拉底牛绳"以得到"是"为根据。他所问的问题，都是对方所必须同意的。苏格拉底不断地得到一个同意又一个同意，直到他拥有许多的"是"。他不断地发问，到最后，使他的对手几乎在没有意识的情况下，发现自己所得到的结论，恰恰是他在几分钟之前所坚决反对的。以后当我们要自作聪明地对别人说他错了的时候，多想想苏格拉底，先提出一个温和的问题——一个会得到"是"回答的问题。多说"是"，少说甚至不说"不"，从双方都同意的事开始谈起，从别人的角度看问题，才会有更多收获。

"我"在英文中就是字母 I，本来是个头最瘦小的字，千万不要把它变成自己语言中个头最大的字。请学学苏格拉底，不说"我想"，而说"你看呢？"

第七章
避免尬聊的万能话题

若把对话比喻成一场球类互传运动,那么闲聊就是"热身运动"。这种暖场环节,可以为后面打开话匣子做铺垫,增进彼此的好感。

闲聊是人际关系的第一步

无用之用，方为大用。

像"吃了吗"这一类看似毫无意义的话，能被频繁使用，自然有它独特的妙用。

许多人低估了"闲聊"的价值，他们觉得"今天天气真好"和"吃过早饭了吗"这一类话，都是闲聊，他们不喜欢谈，也不屑于谈。

谈话的开头相当重要，当你面对着各式各样的场合，面对着各式各样的人物，要能做得恰到好处，实在不是一件容易的事。倘若开头交谈不好，就不能继续发展彼此之间的交往，而且还会使得对方感到不快，给对方留下不好的印象。

实际上，很多重要的谈话都是从"闲谈"开始的。深入交谈前，均需要一些闲聊做铺垫。说些看来好像没有什么意义的闲聊，其实就是先使大家放松一点、熟悉一点，造成一种有利于交谈的正向气氛。

可见，闲聊就是一种"预热"，有助于我们平滑地切入正题。这就好比球赛开始之前，蹦蹦跳跳，伸手伸脚，做一些柔软体操或热身运动一样。

中国有个词语叫作"聊天"或"谈天"，当交谈开始时，我们不妨谈谈天气，而天气几乎是全世界都流行的话题。

天气对于人生活的影响太密切了，天气很好，不妨同声赞美；天气太热，也不妨交换一下彼此的苦恼；如果有什么地震、台风、暴雨或是季节性流行病的消息，更值得拿出来谈谈，因为那是人人都关心的。

自然，亲切有礼、言辞得体是最重要的，然而做到这一点，也不能说就一定会收到良好的效果。因此，平时除了最关心、最感兴趣的话题之外，你要多储备一些和别人"闲谈"的话题。这些话题往往应该是轻松的、有趣的，容易引起别人注意的。

万能话题清单

一个人不可能时时刻刻正儿八经地讨论重要的事情。很多时候，你需要说一些不太重要的闲聊话题来增进双方感情。

这种闲聊，对于工作中的情感沟通、形象塑造有很大的帮助。

（1）自己的一些无伤大雅的糗事。例如，买便宜货上当、语言上的误会、办事摆了乌龙等，这类笑话因其真实性，多数人都爱听。如果把别人闹的笑话拿出来讲，固然也可以得到同样的效果，但对于那个闹笑话的人，就未免有点不尊重，讲自己闹过的笑话，开开自己的玩笑，除了能够博人一笑之外，还会使人觉得自己为人很随和，很容易相处。

（2）历险故事。自己或朋友亲身经历的惊险故事，最能引起别人的注意。人们的生活常常是平静的，每天大家照常吃饭，照常睡觉，可是忽然大祸临头了，或是路上遭遇到很多危险……怎样应付这些不平常的局面？怎样机智地或是幸运地在间不容发的时候死里逃生？都是每个人永远不会漠视的话题。

（3）热门新闻。假使你有一些特有的新闻或特殊的见解，那足够把一批听众吸引在你的周围。男人们可以谈谈足球，女人们可以谈谈流行的服装款式。

（4）搞笑的段子。笑话人人爱听，假如你储备了大量各式各样的搞笑段子，又能在恰当的时机抛出，那你恐怕是最受欢迎的人了。很多营销高手的手机里都保存着几十条令人喷饭的幽默笑话，他们总是在与客户欢谈的时候拿出来"显摆"一下，实则是助兴。

（5）运动与休闲。夏天谈游泳，冬天谈溜冰，其他如足球、羽毛球、篮球、乒乓球，都能引起人们普遍的兴趣。娱乐方面像盆栽、集邮、钓鱼、听唱片、看戏，什么地方可以吃到好吃的食品，怎样安排假期的节目等都是一般人饶有兴趣的话题。

（6）居家常识。关于每个家庭里需要知道的各方面的知识，例如，儿童教育、购物经验、夫妇之道、交际应酬、家庭布置与收纳技巧……这一切，也会使多数人产生兴趣，特别对于家庭主妇们，大家可以相互交流、倾诉、取经。

（7）保健与医疗。这也是人人都有兴趣的话题，谈谈新发明的药品，介绍著名的医生，对流行病的医疗护理，自己或亲友养病的经验，怎样可以增加体重，怎样可以减肥……这类话题不但能吸引人的注意，而且实在对人有很大的好处。特别遇到自己或家人健康有问题时，假如你能向他提供有价值的意见，对方肯定会非常感激。事实上，有哪一个人、哪一个家庭没有这方面的问题呢？

使用万能话题应注意什么

上述这些话题，诸如猫狗、孩子、食物菜谱、自己的健康、足球和其他体育成绩，以及家庭纠纷之类，并不是任何时候都受欢迎的，特别是对方时间紧迫时，人们并不会真正愿意听你的高谈阔论，如果继续喋喋不休，就会像写文章跑题一样，让人生厌。

对方可能会想：你的健康问题应该与医生去谈；你的菜谱应该和你妻子商量；足球你必须到球场上去踢，而不是在客厅里谈；至于家庭纠纷，家丑何必外扬？

某次，一位大使对丘吉尔说："首相，你知道吗，我还一次都没有和你说起我的孙子呢！"丘吉尔拍了拍他的肩膀说："我知道，亲爱的伙伴，为此我应该好好感谢你！"

此外，还有一些危险话题需要格外慎重。那就是信仰、种族和政治之类的话题，是最容易引起分歧的，需要非常慎重。

当然，这其中也有风险与收益的权衡，倘若大家在这方面的见解颇为接近，或是具有共同的信仰，那这方面的交谈就变成最生动、最热烈、最引人入胜的了。

先给对方"安全感",他才可能深入交谈

与人见面先来闲聊几句,给对方一点"安全感",他才可能与你深入交谈。

如果开门见山地提正事儿,会让对方不自觉地进入一种"防卫机制"。用几句"闲聊"开场,则可以让对方慢慢放松防卫心理,渐渐敞开心扉。在实际操作中,了解人的这种心理特点,因势利导,就容易使人坦露其内心世界。

某杂志举办了一场商业峰会,会议刚一开始,主持人先叙述要点,然后说:"我前面讲的几点,是本次会议的中心,围绕这几点,大家可展开自由讨论。"这样一来,会场气氛松弛了不少,接着,企业家们便天南地北、海阔天空地讲开了。

在这次峰会中,许多企业家都一改他们在其他正式场合的套话与陈词滥调,对形势和政策发表了精辟的见解,可谓激扬文字、指点江山。本期杂志因此而热销。

可见,人在轻松、随意的气氛中,容易表现出真正的自我。

在一些比较正式、讲究的场合中,人们都不免有某种程度的拘束感,在这种拘束感的作用下,举止、表情就有些装模

作样，一旦转换到非正式的场合中，人们又会变得轻松自然起来。

有位著名摄影大师说：为拍好孩子的照片，捕捉其天真烂漫的丰富表情，拍摄应选在孩子心理放松、自然的状态下进行。面对一本正经地摆好姿态准备照相的孩子，他必定先说："好，拍完了！"等孩子紧张的心理状态变得轻松，去掉做作笑容的一刹那，他按下快门。如此摄下的照片，就充分表现出儿童那种天使般纯真、充分自由的内心世界。正因为他善于准确及时地掌握模特的心理，才能在摄影方面获得如此高的成就。

从正式的场合突然转到非正式场合，人们就会如释重负，自由感油然而生。我们如果能够运用某种技巧，将人类的这种心理变化加以适当调动，那么，我们就能轻而易举地得到他人的心里话。

获得对方好感的说话技巧

1. 多提一些善意的建议

当你关心别人时,只要这份关心不会伤到他,一般人不会拒绝。尤其是能满足其自尊心的关怀,往往能立即转化为对你的好感。

满足他人自尊心的最佳方法是善意的建议。对方是女性时,仅说"你的发型很美",只不过是句单纯的赞美。若是说"头发稍微剪短点,你看起来会更可爱",对方定能感受到你对她的关心。若是能不断地表达出此种关心,对方对你必然更加亲切信任。

2. 偶尔暴露自己一两个小缺点

每当百货公司举办"瑕疵品贱卖会",必然造成汹涌的盛况,甚至连大拍卖也比不上它的吸引力。为什么瑕疵品能如此地激起人们的购买欲呢?这可以说是百货公司敢于承认商品具有瑕疵的缘故。

之所以如此说,是因为坦率地暴露缺点,反而能使一般民众对该公司正直、诚实的作风留下深刻的印象。而此种诚实、正直往往转变成民众对其商品的信赖，自然，公司也就大受其益了。

暴露的缺点只要一两个就可以了，可使他人难以将这一两个缺点和其他部分联想在一起，因而产生其他部分毫无缺点的错觉。"这个人有点小缺点，但是其他方面挑不出毛病来，是个相当不错的人！"类似上述的想法就能深深植入他人的心中。

3. 要记住对方所说的话

某位心理学家应邀至地方上演讲时，不料主办者之一却问他："请问先生的专长是什么？"他颇为不高兴地回答："你请我来演讲，还问我的专长是什么？"

招待他人或是主动邀约他人见面，事先多少都应该先收集对方的资料，此乃一种礼貌。换句话说，表现自己相当关心对方，必然能赢得对方的好感。

记住对方说过的话，事后再提出来做话题，也是表达关心的做法之一。尤其是兴趣、嗜好、梦想等，对对方来说，是最重要、最有趣的事情，一旦提出来作为话题，对方一定会觉得很愉快。在面试时，不妨引用主考官说过的话，定能使主考官对你另眼相看。

4. 及时发觉对方微小的变化

依我来说，一般做丈夫的都不擅长对妻子表现自己的关心。比方说，妻子上美发店改变发型，明明觉得"看起来年轻多了"，却不说出口。因而妻子心里不满，觉得丈夫不关心自己。

不论是谁，都渴求拥有他人的关心。而对于关心自己的人，一般都具有好感。因而，若想获得对方的好感，首先必须先积极地表达出自己的关心。只要一发现对方的服饰或使用物品有些微小的改变，不要吝惜你的言辞，立即告诉对方。例如：当看到同事打了条新领带时，"新领带吧！在哪儿买的？"像这样表示自己的关心，绝没有人会因此不高兴。

另外，指出对方与往日不同的变化时，越是细微、不轻易发现的变化，对方会越高兴。不仅使对方感受到你的细心，也感受到你的关怀，你们之间的关系就会远比以前更亲密。

5. 呼叫对方名字

欧美人常说："来杯咖啡好吗，史密斯先生？""关于这一点，你的想法如何，史密斯先生？"他们频频将对方的名字挂在嘴边。但令人不可思议的是，此种作风往往使对方涌起一股亲密感，宛如彼此早已相交多年。其中一个原因就是，他感受到对方已经认可自己了。

在中国，晚辈直接呼叫长辈的名字，是种不礼貌的行为。但可以称呼其尊称，借着频频呼叫对方的名字，来增进彼此的亲密感。这种策略在商场上尤其有用。

6. 提供对方关心的"情报"

有位朋友有个奇怪的习惯，总是在他人名片的背面密密麻麻地记事。

与其说他是为了整理人际资料或是不忘记对方，倒不如说是为了下一次见面做准备。也就是说，将对方感兴趣的事物记录下来，再度见面时，自己就可提供对方关心的情报作为礼物。

即使只是见过一次面的人，若能记住对方的兴趣，比方说钓鱼！在第二次、第三次见面时，不断地提供这方面的知识或是趣事，借此显示自己对对方的兴趣很关心，结果必然使对方产生很大的好感。

第八章
模糊处理的接话艺术

模糊，是一种境界，是大智若愚的境界，是超凡脱俗的境界，是游刃有余的境界。模糊绝不是糊涂，虽然，这里使用了一个"绝"字，但这一点仍然被很多人误会，或者说，领悟不到这个层次。所以，模糊处理是一种接话艺术，也是一种修为，需要修炼才能达成。

模糊处理，减少摩擦

模糊处理的语言，常用于不必要、不可能或不便于把话说得太实、太死的情况。

某经理在给员工做报告时说："我们企业内绝大多数员工是好学、要求上进的。"这里的"绝大多数"是一个尽量接近被反映对象的模糊判断，是主观对客观的一种认识，而这种认识往往带有很大的模糊性。既不指名道姓地批评不求上进的人，又能给他们敲响警钟。

即使在严肃的对外关系中，也需要模糊语言，如"由于众所周知的原因""不受欢迎的人"等。究竟是什么原因？为什么不受欢迎？其具体内容、不受欢迎的程度，均是模糊的。

平时，你要求别人到办公室找一个他所不认识的人，你只需要用模糊语言说明那个人矮个儿、瘦瘦的、高鼻梁、大耳朵，便不难找到了。倘若你具体地说出他的身高、腰围，倒反而很难找到这个人。

钱钟书先生是个自甘寂寞的人。居家耕读，闭门谢客，最怕被人宣传，尤其不愿在报刊、电视上抛头露面。他的《围

|| 听懂暗示语，把话接漂亮

城》再版后，又拍成了电视剧，在国内外引起轰动。不少新闻界的记者都想采访他，均被钱老执意谢绝了。一天，一位英国女士，好不容易打通了钱老家的电话，恳请让她登门拜见钱老。钱老一再谢绝没有效果，他就妙语惊人地对英国女士说："假如你看了《围城》，像吃了一只鸡蛋，觉得不错，何必要认识那个下蛋的母鸡呢？"洋女士终于被说服了。

钱先生的回话，首句语意明确，后续两句"吃了一只鸡蛋，觉得不错"和"何必要认识那个下蛋的母鸡呢"虽是借喻，但从语言效果上看，却是达到了"一石三鸟"的奇效。

其一，语意宽泛，富有弹性的模糊语言，给听话人以寻思悟理的余地；其二，在与外宾女士交际中，不宜直接明拒，采用宽泛含蓄的语言，尤其显得有礼有节；其三，更反映了钱钟书先生超脱盛名之累、自比"母鸡"的这种谦逊淳朴的人格之美。一言既出，不仅无懈可击，且又引人领悟话语中的深意，令人敬仰钱老的大家风范。

回避式模糊法，是按照某种场合的需要，巧妙地避开确指性内容的方法。

阿根廷某足球明星所在的球队在与英格兰队比赛时，他踢进的第一个球是颇有争议的"问题球"。据说墨西哥一位记者曾拍到了他用手拍球的镜头。

当记者问该球星那个球是手球还是头球时,他意识到倘若直言不讳地承认"确实如此",那对判决简直无异于"恩将仇报"(按照足球运动惯例,裁判的当场判决以后不能更改),而如果不承认,又有失"世界最佳球员"的风度。

他是怎么回答的呢?他说手球一半是对方球员的,头球一半是自己的。这妙不可言的"一半"与"一半",等于既承认球是手臂打进去的,颇有"明人不做暗事"的君子风度,又肯定了裁判的权威。

这种语言的模糊处理,在很多重要场合都会用到。例如,在面试的时候,有些面试官会问一些犀利的问题,比如:"告诉我,你最大的弱点是什么?"

回答这种问题的要诀,在于不接受这种"否定暗示"。不要被具体的问题牵着鼻子走。首先,你要承认,人无完人,自己也不例外。你可以承认一个微不足道的弱点或一个无伤大雅的缺点,这样看似回答了,其实也化解了对方的剑拔弩张。你可以接着表示,那都已经是过去了,自己已经克服了这个缺点了。

模糊语言术

心理学上有所谓的"巴纳姆效应",又称福勒效应,星相效应,是1948年由心理学家伯特伦·福勒通过实验证明的一种心理学现象,是指人们常常认为一种笼统的、一般性的人格描述能十分准确地揭示了自己的特点。

之所以用"巴纳姆效应"命名,是因为美国历史上曾经有一位名叫肖曼·巴纳姆的杂技师在评价自己的表演时说,他之所以很受欢迎是因为节目中包含了每个人都喜欢的成分,所以他使得"每一分钟都有人上当受骗"。

一些算卦的江湖术士,也深谙此道,常用一些含糊不清、语意丰富的形容词来描述问卜者,而问卜者又往往很容易就接受这些描述,并认为描述中所说的就是自己。比如,一位算命先生说:"你这辈子和水有缘。"这其实是一个非常含糊的说法。要知道,古人已经将这个世界的元素大致分为"金木水火土"五种,任何人一辈子都可能"和水有缘",比如自家旁边有条大河,有口古井,或者去工作学习的地名里有"三点水",也有可能自己从事的是饮料行业等,只要细细挖掘,总能产生某种关联。

　　人的心理是很奇妙的，一旦听到含糊的提示，就会浮想联翩，立刻联想起一些与提示有关的事情。例如上面所举的例子，当你听到算命先生说你和水有缘时，忽然想到："对呀，小时候我曾经掉入河中，差一点没被淹死。"从过去的经验中，寻找与水有关的某些记忆，很容易使含糊的、暧昧的事物具体化、明确化。

　　再如，某算命先生看罢说："你有女祸。"一般男人听了都会大吃一惊。有的人想，昨天晚上我在外面鬼混，难道这位算命先生已经知道了；也有人会想，我每月工资都要如数上交，莫非这算命的已看出我是个"妻管严"⋯⋯这样，被看相的人心里一直揣摩着有关女祸的事，似乎算命先生的话说得很准。

　　算命先生的这种说话技巧，确实很高明，很能迷惑人心，若能熟练地掌握这种技巧，并加以利用，即使你对对方不太熟悉，也能把握住对方的心理。一流的企业管理者，往往深通此术，并能加以灵活运用，以抓住职员的心理，使其替自己卖命。譬如在公司走廊上，或者洗手间碰到下属时，他就亲昵地拍拍对方的肩膀说："我知道你最近很忙，但我希望你不要松懈。好好地干下去吧！"在这句打气鼓励的话语中，"很忙"二字的语意就不很明确，究竟忙些什么而忙得这么"很"呢？谁也说不清楚,然而听者有意,认为自己受到了上司的赏识和关心。

每个人或多或少都有一些事情需要忙于应付,有人为事业而忙,有人为人际关系所困扰,有人则疲于家务。因此,当别人说你很忙或你很了不起时,你的脑中就会联想到许多疲于应付的事情,心想:"他的确了解我。"一句不着边际的含糊话,就可以认为对方对自己非常了解。

都说"难得糊涂",其实,糊涂并不难,难就难在糊涂背后的清醒。

不得其人而言,谓之失言

俗话说:"知无不言,言无不尽。"可俗话又说:"交浅勿言深。"你也许以为大丈夫光明磊落,没有藏藏掖掖的必要。你也许以为"逢人只说三分话"的人狡猾、不诚实。实际上,事情的对与错,完全取决于你谈话的对象是怎样的人。

如果对方不是可以尽言的人,你说三分真话,已不算少了,连孔夫子也说:"不得其人而言,谓之失言。"

如果对方不是相知的人，你也畅所欲言，以图痛快一时，对方的反应也许会很奇怪。若你与对方关系浅薄，你却与他深谈，只显出你没有修养而已。

如果你不是他的诤友，就不配与他深谈。忠言逆耳，只会显出你的冒昧。

如果你不明白对方的立场如何，对方的主张如何，你偏要高谈阔论，轻言更易招祸！

所以，"逢人只说三分话"，不是不可说那七分话，而是不必说、不该说那七分话。这跟"事无不可对人言"并没有冲突。事无不可对人言，是指你所做的事，并不是必须尽情地向别人宣布。

说话有三种限制，一是人，二是时，三是地。非其时，虽得其人，不必说；得其人，得其时而非其地，也是不必说；非其人，你说三分真话，已是太多；得其人，而非其时，你说三分话，正给他一个暗示，看看他的反应如何；得其人，得其时，而非其地，你说三分话，正可以引起他的注意，如有必要，不妨择地长谈，这叫作通达世故。

有时你只说三分话，正可表现你的职业道德。做医生的，或许可以对人提及普通病人的病情，对于患性病的病人，就绝对不该对人提及了，这是医生的职业道德。做银行业务的人，业务大概情形或许可以对人提及，但对于存款人的姓名，你就绝对不该对人提及了，这是银行人员的职业道德。依次类推，只说三分话的例子多着呢！

你若不能遵守只说三分话的戒条，有时会闯大祸，使你在精神或肉体大受其苦，留下沉痛的教训。A公司是一家制造公司，他与B公司互为竞争对手。A公司好不容易获得了与大公司C合作的机会，为了使合作谈得更顺利，便请C公司的代表在高级餐厅吃饭。然而，这件事情，因A公司的某员工在网上多说了几句"间接相关"的话让B公司知道了，于是在宴请当天，B公司派人潜入高级餐厅的厨房改换菜单，致使大公司C的代表吃得很不满意，最后A公司与大公司C的生意自然也没有谈成。

世间有所谓的"二八定律"，有时候，这二分比八分还要重要。所谓"逢人只说三分话"之中的这三分话，还不能包括重要的话，重要的话是连一分都说不得的。你所说的三分话，可以是风花雪月，可以是柴米油盐，可以是江湖怪谈，可以是山海奇经，可以是稗官野史。总而言之，都是有趣却不触及关键的话题，虽然说得头头是道，说得兴味淋漓，说得皆大欢喜，其实是言之无物，无关宏旨。铺垫到位后的关键时刻，才能拿出真正要紧的话来。

直言直语会伤人

莎士比亚曾在《雅典的泰门》一书中，借助一位出场人物之口道："人都有缺点，为人正直也是缺点之一。"这里所谓的正直，乃是不合时宜地直言。

有些人工作上努力，不辞辛劳，却得不到别人的肯定，就是因为他"直言直语"的性格造成的。原本到手的功劳，却因逞一时口舌之快而前功尽弃。

其实，"直言直语"是人性中一种很可爱，很值得珍惜的特质，因为唯有这种直言直语的人，才能让是非得以分明、让美和丑得以分明、让优缺点得以分明。

喜欢"直言直语"的人说话往往只看到现象或问题，只考虑到自己"不吐不快"，而不去考虑旁人的立场、观念、性格。他的话有可能是一派胡言，也有可能鞭辟入里；对一派胡言的直言直语，对方明知，却又不好发作，只好闷在心里；对鞭辟入里的"直言直语"则直指核心，让当事者不得不启动自卫机制，若招架不住，恐怕就怀恨在心了。

喜欢"直言直语"的人一般都具有"正义倾向"的性格，

言语的爆发力、杀伤力很强，所以有时候这种人也会变成别人利用的对象，被鼓动着去揭发某事的不法、去攻击某人的不公。不管成效如何，这种人总会成为牺牲品，成为别人的眼中钉、排名第一的报复对象。

所以，"直言直语"是一把伤人又伤己的双面利刃，而不是披荆斩棘的"开山刀"。

也许，你已经被人评价过"心直口快"，你也觉得自己足够坦诚。但是，真遗憾，你的坦诚可能像子弹，已经伤害过不少人，没有人甘愿做你"坦诚"的靶子。

其实，逞口舌之快何尝不是一种私心呢？

你发泄完了、爽快完了，别人的心已经变成一片死灰。正所谓"良言一句三冬暖，恶语伤人六月寒"。所以，还是证严法师说得好："心地再好，嘴巴不好，也不能算是好人。"

在莎翁所处的那个时代、那个社会中，他这样说是警告大家：处世勿过于坦率老实，以免招来灾祸。但当时代的车轮驶进21世纪时，莎翁的箴言是否依然具有某种现实意义呢？

一个人如果过于方正，有棱有角，难免受挫；但是一个人如果圆滑透顶，必将众叛亲离。因此，做人必须方外有圆，圆中有方。外圆内方之人，有忍耐的精神，有忍让的胸怀，有糊涂的智慧，有笨拙的清醒……

不懂模糊语，只会陷入被动

有一所著名的商学院，曾经举办了一个为期三个月的管理理论培训班，主题是"诚实与坦率的好处"。一年后，有人着手调查，发现当时参加培训班的人，有一半以上已经离开原来的工作单位。经过工作人员的追踪采访，才知道他们把培训班中学来的管理法应用到工作上，从而使工作中产生了严重的冲突与矛盾，不得不离开原职。

合理的坦率与正直，是为人的基本规范，自然是非常令人尊重的，也是非常可爱的。可是如果运用不当，过分地追求坦率与正直，就是愚蠢可笑了。仅仅学得基本管理常识的人，常常会陷入"瞎子赛跑"的境地。这种人在前进的旅途中，往往忘记观察对手们的动静。他们的目标只是要抵达终点，而对竞争对手毫不在意，自顾自地往前冲刺，没有发现由于自己的愚直和鲁莽，把灰尘和泥土都溅到了别人的身上。即使发现，他们也毫不在乎。在关键时刻，竞争对手就会合力将他推倒。

一个满口讲理论，个性坦率而愚直的职员，多半不会受到周围人的欢迎。这种人如果担任公司主管职务，等于将最脆弱而无防备的一面，暴露给一些想讨好他的下属，为他们制造许多越级打小报告的机会，同时也将自己的把柄落在工作上的竞争对手手中，更有甚者，还在不知不觉中，树立了许多不必要的敌人。举例来说，一位自卑感很重的人，认为自己未受过高等教育，不懂人情世故，于是变得一天比一天更孤僻偏激，从而疑神疑鬼，怀恨别人。最后，他会把那位愚直的人列为敌人，认为所有的不对劲都是因他而起，决定找个机会好好地加以报复，这样一来，岂非天大的冤枉？这样看来，一方面要崇尚坦率作风，另一方面则要切忌夸夸其谈、无所顾忌的愚蠢行为。

如果坦率而愚直地评估一个人，即使评估得毫无偏颇，也会加重当事人心目中的自我形象。无论上司、同事还是下属，都不愿将真实的自己暴露在别人面前。因为，任何人都有一种信念，认为自己比别人优越。

身为主管，可能会有如下的自我形象——我待人亲切又体贴；我的薪水虽然不高，但这并不代表我的能力不好；我在所属的单位，担任重要的职务，贡献颇多，使公司的业务蒸蒸日上，这都是我个人的魅力所致，我的下属也因此受惠，从而保住这份工作。

但是，在一个又诚实又愚直的下属眼里，这位主管的形象就不是这样了。他的心里可能是这么想的：我的主管好像还不知道，公司里有一面照妖镜，任何事物在这镜子前一晃，就原形毕露。以这位主管来说，在这回找到十亿美元的市场前，他不是被逼得一连三次改变销售计划吗？还有，由于他的贪杯酗酒和无礼行为，不知道失去了多少交易机会，否则，收到的订单也不止目前这个数字……

每个人都有自我形象，且在心中以最高的诚意供奉着这个形象，不容别人加以毁坏，更不欢迎那些心直口快的人任意将实情点破，做毫不留情的批判。因此，自认为坦率正直的人，不得不对这个问题多费一点心思去做深入了解。

上司很少会主动且真心地去征询下属对他的感受，或提及与这类有关的敏感话题。大多数人想必都会无条件地认为马克·吐温的那句话比较符合实际，即"我欢迎批评，但那必须投我所好"。

第九章 活化人际的幽默接话术

听懂"暗示语",弄清楚对方的真实诉求,需要综合运用各种策略、技巧,这需要高度的理性。但很多时候,仅靠理性是难以触及实质的。需要用感性思考、情绪共鸣,或者用幽默、玩笑的技巧来接话。

幽默,是一种高智商的语言艺术。恩格斯曾说:"幽默是具有智能、教养和道德上优越感的呈现。"我们可以看到,那些人气最旺的电视节目主持人不是最英俊或最漂亮的,也不是最深刻或最煽情的,而是最幽默、睿智的。

人在职场,要学会减少摩擦。没有人喜欢被人板起面孔来说教,但是任何人都很喜欢听各式各样的笑话,"一吨的说教不如一克的笑话",善于使用幽默技巧来接话,往往能起到"四两拨千斤"的效果。

用幽默虚化焦点

幽默的语言，能够转移焦点。无论在风云变幻的外交场合，还是在温馨和睦的小家庭，还是在相逢不相识的旅途中，幽默能使尴尬的场面变得轻松、融洽，让你从容掌控局面。

俄国文学家契诃夫曾说："不懂得开玩笑的人，即使额高七寸——聪明绝顶，也算不上有智慧。"英国首相丘吉尔就是一个很幽默的人。

1943年年底，法国戴高乐将军的"战斗法兰西"由于得到美国和英国在武器装备上的支持，从10万人扩充到40万人，战争从非洲扩大到意大利战场上。但是，在对待某个关键问题上，戴高乐和这位英国首相发生了分歧。要解决这一令双方都感到棘手的问题，只有依靠谈判了。

丘吉尔能讲的法语很有限，戴高乐的英语却讲得很漂亮。这一点，当时戴高乐的随员们和丘吉尔的大使达夫·库柏早有所知。

谈判的那一天，丘吉尔是这样开场的，他用法语说："女士们先去逛街，戴高乐将军和其他的先生与我去花园聊天。"

然后，他又用足以让人听清楚的声音对达夫·库柏说了几句英语："我用法语对付得不错吧，是不是？既然戴高乐将军英语说得那么好，他一定可以完全理解我的法语的。"

话音未落，平时十分严肃敏感的戴高乐已完全失去戒备，以友好、理解的态度听取丘吉尔用结结巴巴的法语说话。丘吉尔这番幽默的开场白使气氛变得轻松活跃起来。

战后，有一位记者问萧伯纳："当今世界您最崇拜谁？"

萧伯纳毫不犹豫地答道："苏维埃红军打败了德国法西斯，把我们从苦难中解救出来。我们不得不感激苏维埃红军，而它的统帅是斯大林元帅。因此我最崇拜的人是斯大林，是他拯救了世界文明。"

记者想了一会儿，便明白了萧伯纳话中的意思，就接着说："那您崇敬的第二个人又是谁呢？"

萧伯纳答道："爱因斯坦先生是我所崇敬的第二个人。因为他提出了相对论，把科学推向了一个新的境界，为人类的美好未来开辟了一条崭新的大道，他对人类的贡献是无可估量的。"

"世界上还有您崇敬的第三个人吗？"记者又问。

"至于第三个人嘛，为谦虚起见，我还是不直接说出他的名字了。"萧伯纳微笑着说道。

苏联总书记戈尔巴乔夫就任时才54岁,这在苏联的历史上是很罕见的,因为当时的苏联政权是由平均年龄70岁的老人所把持的。所以,全世界的人都很关注他的施政,想看看这个年轻的国家领导人,会把苏联带往什么方向。

在戈尔巴乔夫召开的记者招待会上,来自各国的记者纷纷举手抢着发问。

美国的一位记者问他:"戈尔巴乔夫先生,我们都知道您是有激进思想的领导人,可是,当您要决定内阁名单时,是不是会先和上面的重量级靠山商量一下?"

戈尔巴乔夫一听,故意板起脸来回答:"喂!请您注意,在这种场合,不关我内人什么事。"

记者们哄堂大笑。接着,不等美国记者再发言,戈尔巴乔夫就马上指着另一名举手的记者说:"好,下一个。"因而避开了尖锐的问题。

幽默是人际交往的润滑剂

对于幽默的含义各人有不同的理解，那什么才是真正的幽默感呢？当年鲁迅、蔡元培、林语堂等大家为将humor译成"幽默"还是"诙谐"有过一番争论。"幽默"一词在中国得以广泛流传，林老先生功不可没。

林语堂说，humor既不能译为"笑话"，又不尽同"滑稽"；若必译其意，或可用"风趣""谐趣""诙谐"，无论如何，总是不如音译的直截了当，也省得引起别人的误会。凡是善于幽默的人，其谐趣必愈幽隐；而善于鉴赏幽默的人，其欣赏尤在于内心静默的理会，大有不可与外人道之滋味。

幽默是人际交往的润滑剂。善于理解幽默的人容易喜欢别人，善于表达幽默的人容易被他人喜欢。幽默的人一般易与人保持和睦的关系。

北宋惠洪所著的《冷斋夜话》中有一篇《石学士》。讲的是有一位名叫石曼卿的学士，有一次骑马出门，突然因为驾马车的人失控了，翻了车摔倒在了地上。但这位石学士并未责怪驾马车的人，而是自己开玩笑说道："幸亏我是石学士，我要是瓦学士的话，估计这一下我就摔碎了。"石学士从他的姓氏入手，随口一句不但化解了自己的尴尬，还增加了自己的魅力。

某成功人士就经常引用自己去肯德基面试的例子，说24人里23个都录取了，只有他没成功。这则"自黑"的小段子让自己的亲和力倍增，也带来全场的掌声。幽默还有自我解嘲的功用。一位钢琴家去一个大城市演奏。钢琴家走上舞台才发现全场观众坐了不到五成。见此情景他很失望，但他很快调整了情绪，恢复了自信，走向舞台的脚灯对听众说："这个城市一定很有钱，我看到你们每个人都买了二三个座位的票。"音乐厅里响起一片笑声。

麦克阿瑟将军在为勉励儿子所写的《为子祈祷文》中，除了祈求能让儿子"坚强勇敢、心地善良、认清事实、接受磨炼"等以外，还祈求赐给他"充分的幽默感"，使他绝不自视非凡，过于拘执……具有幽默感的人往往是身心健康的人，他们解决问题的能力往往很强，并且具有良好的信心。信心有时比能力更重要。生活的艰难曲折极易使人丧失自信、放弃目标，但若能以幽默对待，则往往能够重新鼓起希望的风帆。

用幽默化解困境

当你面对因为应用幽默失败造成的尴尬局面时,要学会自我解围。例如说:"这个笑话的真正含义恐怕要由警方侦查才能查清。"也许这句话会使自己和听众一起笑起来。也可以这样说:"我有个设想,如果大家听了之后笑起来,我就免费赠送五个笑话。"

这类话可以称为"救星",因为它可以帮你对付讲台上的困境,对生活中的尴尬场面也会有解救的作用,例如"你是否觉得我讲得太快了?"

当你看到听众之中有人交头接耳,你可以这样说:"你们为什么不回家后再进行讨论呢?"

还可以说:"最近一个时期,你们也许会有幸地请到一位优秀的演说人,也可能不幸地碰上个糟糕的演说人。今天你们可以享受到以上两种待遇,因为我妻子说我又好又坏。"

面对一群不好应付的听众,当众讲话可真不是件容易的事。特别是在失控的情况下,还可能造成敌视的局面。

如果有人打断你的讲话,你应设法说几句解围的话。例如可以问打断讲话的人:"请问您贵姓?"如果他回答一个古怪的名字,你可以再问:"这是您的真名还是化名?"然后就接着开两句玩笑,尽量使他平静。之所以这样做,是因为多数人宁肯被别人笑一笑,也不愿被人轻视和排斥。

著名的古希腊寓言家伊索出身于奴隶。有一次,主人派他进城去。半路上,他偶然遇到一位法官,法官严厉地盘问他:"你去哪儿?"

"不知道。"伊索回答说。这样的回答使法官起了疑心,于是把他投入监狱。

"但是,要知道,我讲的全是实话,"伊索在狱中提出了抗议,"我确实不知道会进入监狱。"

法官听后笑了起来,把他释放了。

1860年,美国大富翁道格拉斯作为民主党总统候选人,曾公开羞辱共和党总统候选人林肯:"我要让林肯这个乡下佬闻闻我们贵族的气味!"

后来,林肯这个没有专车、乘车自己买车票,或乘朋友提供的农用马拉车的总统候选人,在发表竞选演说时这样介绍自己:"有人写信问我有多少财产。我有一个妻子和三个儿子,都是无价之宝。此外,还租用有一个办公室,室内有办公桌一张、椅子三把,墙角还有一个大书架,但架上的书值得每个人一读。我本人嘛,既穷又瘦,脸蛋很长,不会发福。我实在没有什么可依靠的,唯一可依靠的就是你们。"

美国著名作家马克·吐温是位有名的幽默大师。有一次,马克·吐温去拜访法国名人波盖,波盖取笑美国历史很短:"美国人没事儿干的时候,往往爱想念他的祖宗,可是一想到他的祖父那一代,就不得不停止了。"马克·吐温听了后淡淡一笑,以诙谐轻松的语气说:"当法国人没事儿的时候,总是尽力想他的父亲。"

丘吉尔首相常能以幽默的力量来减轻战争的压力,他曾以一句妙语来评价某位政治同僚:"他是一个谦逊的人,他拥有许多让他谦逊的事。"

盛名之下的物理学家普朗克每天忙于应付不计其数的大学邀请他去做演讲,搞得疲惫不堪。普朗克每次到大学来回都是专职司机理查德开车送他,一到会场,理查德就在台下听演讲,一共做了30多次的听众,而且每次都聚精会神,从头听到尾。

理查德是位风趣的美国人,一天他向疲于奔命的普朗克提建议:"您实在太辛苦,也一定讲烦了,您的演讲内容我可以背下来了,我想下次演讲时让我穿着您的衣服,让我来代替您演讲，直到被发现为止，可以吗？"

"妙呀，反正那里认得我的人也不多。"同样富于风趣的普朗克回答道。

此后的那场演讲，穿着普朗克衣服的理查德对相对论的讲解没有任何差错，他把普朗克的表情和动作也模仿得惟妙惟肖。普朗克博士则打扮成司机，不仅开车送理查德来演讲，而且坐在台下认真听讲。

然而有一天，就在演讲结束，理查德准备下台时，一件意料不到的事发生了。

突然，一位教授模样的先生站起来，像是发连珠炮似的提出了许多问题。

真的普朗克坐在会场的角落，心中吃惊不小，但他表情上还是若无其事。

此时，假的普朗克却轻松地对那位教授说："你的这些问题很简单，连我的司机都能回答……喂，理查德，请上来帮我做些说明吧！"

最佳批评方式

凡有大成就者,向来都是口吐方圆的专家,他们不仅仅专长于自己的一份事业,而且在待人接物上有着独到的迂回之术,他们能够在让人发笑的过程中不知不觉加入自己的观点。

著名的法国钢琴家乌尔蒙,年轻时有一天,他弹奏拉威尔的名曲《悼念公主的孔雀舞曲》,节奏太慢,正在听他弹奏的拉威尔忍不住对他说:"孩子,你要注意,死的是公主,而不是孔雀。"

在这里,拉威尔将公主与孔雀这两种原来互不相干的事物,出人意料地联系起来,使人们感到惊奇,并在笑声中意会到拉威尔话语中的真正含义。

拉威尔对乌尔蒙的演奏"节奏太慢",并不是采取直接批评的方式,而是采用婉转的暗示:"死的是公主,而不是孔雀。"这样,使演奏者首先得回味一下,拉威尔的话到底是什么意思?弄清楚了,便意识到自己处理作品中的失误。应该加快速度,快到什么程度呢?拉威尔的话给了提示,是孔雀舞曲。演奏者的脑海中定会浮现出美丽的孔雀翩翩起舞的英姿。拉威尔的旁敲侧击，使乌尔蒙明白了自己的毛病所在。

对方错了，我们就应让对方自己改正，但是如果方法过激，可能会让对方脸上挂不住，恼羞成怒的人会更加坚持自己的错误，于事无补。所以，聪明的人会选择用幽默的语言提醒对方，给对方留面子。这是因为，笑容是最能解嘲的东西，在哈哈大笑中，顽固的人也会变得可爱。

某青年拿着乐曲手稿去见名作曲家罗西尼，并当场演奏。罗西尼边听边脱帽。青年问："是不是屋内太热了？"罗西尼说："不，我有一个见到熟人就脱帽的习惯，在你的曲子里，我碰到的熟人太多了，不得不频频脱帽！"青年的脸红了，因为罗西尼用幽默的方式委婉地道出了他抄袭别人作品的事实。

运用这种表达方式，既可以用委婉含蓄的话进行暗示，巧用逻辑概念，对谈判对手进行批评、反驳，又可以保证双方的关系不至于因批评、反驳而马上变得紧张起来。

我们批评别人，一般是出于让对方改善的动机。不论批评的对象是亲朋、同事，还是下属、陌生人，我们都应注意不要刺伤对方的自尊心，这样便不会遭人记恨。否则，即使对方是个豁达的人，也难免会影响与其日后的关系。

用幽默的口吻去批评，就会最大限度地减轻批评的负面效应。运用幽默的语言可以把说话者的本意隐藏起来，话中有话，意在言外。

运用幽默的愿望并不是成人的专利，孩子们对幽默力量的运用，有时也能收到很好的效果。

有个酒鬼，贪恋杯中之物，酒醉之后常常误事。妻子多次劝他，他怎么也听不进去。一天，这个人的儿子对他说了几句话，使得他的心灵受到了极大震动，决心以后不再喝酒。

原来，他的儿子说："爸爸，我送给你一个指南针。"

"孩子，你留着玩吧，我用不着它。"

"你从酒吧里出来时，不是常常迷路吗？"

以圆滑的技巧表达批评，幽默是个不错的选择，既能指出对方的错误，又能在善意的笑声里保全其自尊。

倜傥谈笑，暗藏锋芒

某饮料公司的老板是一个非常有魅力的人物。有一次他去视察一个装瓶车间，发现车间特别脏乱。于是他把装瓶工人叫过来，对他说："你最好在第二天把你的操作间打扫干净，不然的话，你很快就会发现，自己被换到了其他某一条生产线上。"

"但是，先生，"这个装瓶工人抗议道，"打扫干净没什么作用，第二天就会恢复老样子。"一阵紧张的沉默过后，饮料公司老板缓慢地、有意地把雪茄从嘴里取出，眼睛直直地盯着这个装瓶工。"你每天上完厕所都要擦干净，是不是呀？"饮料公司老板说。说完这句话，他重新叼起雪茄，离开了……

幽默是一种最生动的语言表现手法，与幽默的人相处、谈话是一件非常有趣的事，当与人发生争执、各持己见时，幽默常常可以让人立于不败之地，并化争执为会心的一笑。

辛辣风趣的幽默，虽不同于严密科学的理论，但由于幽默同样具有真实性、说服力以及逻辑性，因而具有很强的力量。

在争论中，幽默是以诙谐逗趣的方式，暗示事物的本质，达到明辨是非的目的，因而在争论中常常可以发挥证明与反驳所无法达成的目的。

比如，1946年远东国际军事法庭审判上，中国法官梅汝璈曾经就座次顺序不公正，而引用了一个"夸张"而幽默的方式进行反击：根据法官们的体重来安排顺序。

这个回答引得其他法官们大笑起来。在举世瞩目的国际法庭上，法官的座次按体重来排定，这岂不是天大的笑话！梅汝璈正是用这样的笑话，嘲讽帝国主义者仗恃强权，践踏国际公理的丑恶嘴脸。

在争论中反驳对方，有时舍弃锋芒毕露、相互抨击的语言，而采用风趣含蓄、诙谐生动的语言，其效果会更好。

当然，幽默不一定都用在敌对的争吵和攻击中，有时也可以用在轻微的讽刺、戏谑、谈笑风生中，这时巧用幽默，既能达到驳斥对方观点的目的，还能产生和谐友好、轻松愉快的气氛。

有一次，世界著名生物学家达尔文应邀赴宴，正好和一位年轻貌美的女士坐在一起。这位美人用戏谑的口气向达尔文提出质疑道："达尔文先生，听说你断言人类是由猴子变来的，那我也是属于你的论断之列吗？"达尔文漫不经心地回答道："那是当然的！不过你不是由普通猴子变来的，而是由长得非常迷人的猴子变来的。"达尔文并不用科学的道理反驳那位美女，而是以戏谑反驳戏谑，因为美女的问题属于偷换概念的诡辩。

幽默论辩的智慧自古就有，而且相当精彩。"晏子使楚"是大家熟悉的故事。楚王想在接见晏子之前侮辱晏子，从而取得外交上和政治上的主动地位。他先是在大门之侧开了一个小门，不让晏子从大门进入。这时晏子不是板起面孔斥责楚国的无礼，而是半开玩笑半认真地说道："出使狗国者，从狗门入，今臣使楚，不当从此门入。"简单的两句话，真中带假，假中有真，既可当假，亦句句是真，既骂了对方，又巧妙地把楚国与狗国区分开来，为对方打开大门留好了退步的阶梯。见到楚王后，楚王说："齐国难道就没有人了吗？怎么派你当使者呢？"这显然意在贬低晏子。晏子这时却把楚王的话轻轻地搁在一边，顺势进一步贬低自己："齐命使，各有所主，其贤者使贤王，不肖者使不肖王，晏最不肖，故直使楚也。"在这种轻松的谈笑中，在这种饶有风趣的贬低自己中，就达到了贬低对方的目的，真是笑傲权贵、潇洒倜傥，妙语惊人！

晏子善于掌握分寸，在轻松愉快的笑谈之中暗藏斥责，使对方不知不觉地受到批判，这一点，在他出使楚国的过程中表现得最为突出。

不仅在外交场合,在与景公的谏议中也可以看到晏子的这一幽默才能。晏子善于在谈笑之中巧妙地表达他的政治主张和好恶爱憎。如景公知道晏子的住宅近市,向晏子询问市场的商品价格:"何贵何贱?"晏子答道:"踊贵而屦贱。"踊是被剁脚的人所穿的鞋。简单的五个字,把景公严法重刑的残酷手段暴露无遗,看似顺便提及,平平淡淡,然而却包含了不少无情的揭露和谴责。

这种于谈笑之中巧藏锋芒的论辩,使晏子面对棘手的问题时往往能化难为易;并且常常在不露声色、和风细雨中,巧妙地达到猛烈抨击对方、鞭挞对方的目的。

范缜是南朝齐梁时期能言善辩的佼佼者,生活在佛教盛行的包围圈里,他以与佛教公开对立的身份,赖以幽默艺术,使自己立于不败之地。

一次竟陵王萧子良为了打击范缜,请了许多名人高僧来摆阵挑战。辩论会上萧子良用他早已准备好的问题首先出击:"范先生不相信因果报应,那么人世间为什么会有富贵贫贱的差异?"按照萧子良的预谋,在众多权势者的威逼下,范缜是无法也不敢否认命运的。只要打开这一理论缺口,便可以进一步瓦解范缜《神灭论》的理论思想体系。殊不知范缜对他提出的问题,并不给予针锋相对的正面回答,而是从容不迫地打了个比喻:"人好比我们头顶这棵树上开出来的花,一阵风吹来,有的飘落在锦毯上,有的掉进了泥沼里,王爷就如同落在锦毯上的花,而我就如同掉进了泥沼里的花。"

范缜以落花喻人的差异,幽默风趣,因为所借喻之物本身含有褒贬之意,如果借喻物含有贬义,萧子良可能在理屈词穷的情况下,借故寻衅,以势压人。以花喻人,使萧子良无可挑剔,但实际上以落花来说明人本来都是一样的,由于社会的不公,才产生了地位的差异。话里蕴藏着对权贵者的极端蔑视,是一种外褒内贬软中带硬的反击。

萧子良为了鼓吹佛教的神力,对范缜再次发动攻击,指使一个叫王琰的知名说客对范缜说:"你不承认自己祖先的神灵,这样的子孙算是大逆不道。"

面对这种挑战,范缜完全可以据理驳斥,直接回击。因为王琰没有萧子良那样显赫的地位,不会罪咎犯上,但这样做,一是伤了和气,二是有失雅量。所以范缜采用谬误反诘,慢条斯理地反问了一句:"既然王先生认为祖先死后有神灵,为什么不杀身去侍奉?"

范缜的幽默反诘,使得他"辩摧众口,日服千人",始终没有在理论上退却。

诚如钱钟书先生所言，一个真正幽默的人必定别有慧心，既能欣然独笑，又能傲然微笑，使沉闷的人生透一口气。

即兴幽默，来自厚积薄发

接话漂亮，谓之妙语。妙语从哪里来？是从天上掉下来的吗？不是，它是人们在生活中长期积累与历练得来的。

言语以生活为内容。有生活，就有谈话的内容；生活内容丰富，谈话的内容自然也比较丰富。因此，你要经常注意和关心你的国家、社会、朋友、亲属以及同事等。你对自己的所见所闻，都要去研究分析一通，尽量地去了解它们的意义，而不是对什么都漠不关心，让它们从眼前或耳边溜过。你要经常计划、安排、改变你的生活，而不是马马虎虎地过日子。

你明白"即兴"是什么含义吗？词典上解释为不假思索就下意识地采取的某种举动或言辞。法国喜剧家莫里哀说："即兴诗，的确是才智的试金石。"

有句格言说："所谓经常即兴的人，就是不惜花费时间去背诵偶然笑话的人。"事实上，幽默并不像人们表面看到的那样，只靠一时的灵感，我们所听到的许多即兴之词，也并非都是说话人一时激动，或失去自制、头脑急转的结果，这一切都是与其长期积累分不开的。

有位演讲家在一次演讲之后，一个年轻人向他祝贺："刚才您的讲话真不愧是一篇绝妙的即席演说。"演讲家则回答："可不能这么说，年轻人，为这篇即席演说我已经准备了20年！"

许多人都认为幽默是天生的，其实不然。假设有一个孩子天生就有幽默基因，但你把他单独放在原始森林中生活几年，再回归社会后，他还能幽默吗？

幽默不是天生的，幽默是可以培养的。再呆板的人，只要自己努力都可以逐渐变得幽默起来。美国前总统里根以前也不是幽默的人，在竞选总统时，别人给他提出了意见，于是他采用了最笨的办法使自己幽默起来——每天背一篇幽默故事。

幽默确实有可以学习的套路，这点是不能否认的。尽管许多著名人士并不认同，比如余光中、钱钟书都反对幽默技术化，但实际上幽默的确有其自身的规律。

幽默并不神秘，名人未必都幽默，甚至著名的幽默作家在现实中也未必幽默。

有个网络幽默作家这样介绍自己：我不是一个有幽默感的人，这方面别人要比我出色得多。你也知道，我身边的人都觉得我非常沉闷，之所以会有文章中那种感觉，我觉得是因为他们不太听得懂北京话，或者这种说话方式天生就具有幽默感。

幽默这东西的确不全是天生的，要靠后天培养，但要说哪种说法是对的，幽默的人必须得聪明就不一定对。有些人就聪明，几个人一起聊天的时候，通常其他人是插不上话的，他经常使场面欢声雷动，让女孩们刮目相看。但让人非常欣慰的一点是，没有什么姑娘是因为他幽默而看上他，这就给我们留了活路。

光从文本上看，是看不出一个人的幽默感的，因为有许多现成的套话和包袱可以用，你得具有脱口秀的能力，才真正算得上是有幽默感的。

俗话说："巧妇难为无米之炊。"积累丰富的幽默素材是成为幽默高手的前提。

一个幽默高手要有广泛的涉猎，不论是运动、戏剧、文化，还是政治、社会、国际关系……各方面都要具备一些基本常识，吸收的办法就是多多阅读报纸杂志，注意奇闻逸事，日积月累下来必是个见闻广博的幽默高手。

每次说笑话时都找些书上写过的笑话来说，那别人也曾看过的机会太大了。所以，在看报纸杂志时，多注意些幽默短文并吸收到自己脑中，或是记下日常发生的小趣闻，再因时因地举例出来，那效果会加倍的好。

此外，还应对流行用语加以吸收，如有许多喜剧、讽刺剧节目可看，那些喜剧演员常用些幽默诙谐的语言来逗大家笑并发人深省，而这些语言往往会很流行，如果你能在谈话间引用数句这样的话，相信效果会很好。

除了电视以外还有电台播放的节目，那些主持人也常利用对白方式"表现"笑话，如果你在引用时再加上动作，那就变成你个人的笑话，效果也很不错。另外，流行歌曲也是幽默的极好素材。

找寻研究笑料的方法，可以找些相当出名的相声家、漫画家、作家，把他们当成自己的老师，研究他们表达笑料的方式，久而久之会耳濡目染，自己也变成一个幽默人物。

当你遇上幽默专家时，要暗自研究对方幽默的方法，吸收对方的长处作为自己的借鉴。

有了幽默的素材，还要有熟练表达幽默的技巧才行。在表现幽默的时候，最好能有动作和表情相配合。

欧美人在说话时常有夸张的动作，而这些动作往往会使原本不太好笑的话变得生动有趣，这点是值得我们体会的。我们可以多观摩国外电影，拿他们的动作来进行研究。

在一般人的生活圈子中，不只有喜剧演员、相声家、漫画家等专门说笑话使人发笑的人，若细心观察，身边的同事、同学也常有许多有趣的言语、行为，值得我们借鉴学习。

事实上，世界上没有人天生是幽默的，必然是后天的环境与努力所致，所以只要肯下功夫研究，并加以实践，谁都会成为受众人欢迎的幽默高手。

为了使你的谈话更为活泼生动和引人入胜，有时也需要虚构一两个幽默趣事。例如当面对来自各行各业的听众时，你很难把握他们共同的兴趣所在，你可以说："我刚在门口遇到一位朋友，我对她说，阿美，你的结婚戒指怎么戴错了手指？她回答说，是吗？可能我嫁错人了。"

美国有一位名叫乔治·贝列的培训师，他有自己特有的一套方法，使他能与听众打成一片。有一回他被邀请为保险公司的经理们演讲。演讲的头一天晚上，经理们举行了晚宴和舞会，直到凌晨才回到饭店，但供水系统出了问题，既不能洗浴，又没有水和饮料。当第二天早上七点演讲会开始时，那些经理烦躁不安，一声不响，面无表情。

面对这样一群快气疯了的听众，乔治·贝列装出对所有事情一概不知的样子先说了几句开场白："我还是第一次见保险公司在晚上举行那么热闹的联欢，可我发现欢乐的气氛竟然不能使经理们快活起来。"经理们听了这话，暂时忘记了心中的不愉快，气愤的情绪平息了下来，毫无生气的脸上渐渐露出了微笑。

简单的一句妙语，由于准确地把握了当时的实际情况，很快消除了大家闷闷不乐的情绪，形成了演讲需要的热烈场面。

乔治·贝列的另一个方法，是在会议之前热情地向每一位客人问候致意、询问他们的姓名，并与其简单交谈几句。他努力使自己在会议开始时，能一一叫出他们每个人的名字。假如哪个来宾的姓名被忘记了，他就给那位来宾五美元。这种方法是他发挥幽默的一个实例，也确实帮了他一个很大的忙，由此他还成了一位著名的记忆专家。他说："最初我这样做时，曾遇到极大的困难，头一次就有位听众总是和我过不去，他问我是如何记住那么多人名的，我告诉他说这很简单，用三个字就可以回答，'用脑子'。那人马上就回击我说：'那是我的看法，而你究竟用什么呢？'这一下就把我问倒了，只能呆呆地站在台上。台下的听众哄笑不断，那天演出了一场让我铭刻在心里的好戏。许多年后我把这段经历讲给其他听众，他们都很喜欢这个故事。应当说是幽默的力量恰当地解释出了我记住人名的原因。"

有时，我们正常的讲话会被意外打断。其实，只要我们用一两句妙语即可处理这些问题，就不至于造成尴尬的局面，从而使谈话顺利进行。

比如，在当众讲话时忽然停电了，可以说："看来这家饭店没有按时交付电费。"

幽默运用得不太适当，或是生搬硬套，或是牵强附会，都会造成不利的局面。如果我们对听众的心理缺乏全面的了解，幽默也会失败。一个幽默故事或趣闻经过两次试验，都不能发挥作用，我们就应该放弃它。

你是不是认为自己和国家大事、社会人群息息相关，而不是安于做一个井底之蛙，对于身外事都不闻不问呢？如果这些问题的答案都是肯定的，你就是一个善于思考、善于观察、遇事认真、兴致勃勃的人，那你就和"有好口才"的距离不远了。即使你现在还是一个不大会说话的人，你也已经具备了相当的社会知识和生活经验。如果不是，那就需要你下决心和努力了。

我们应当从什么地方去寻找妙语呢？有没有一本妙语大全之类的书能够告诉我们，在什么情况下应该使用什么样的妙语？为什么我就讲不出几句巧妙的话呢？为什么往往在事情结束之后，我才想起应对的方式呢？常常会有一些人提出这类问题。这真是难题。即使有了妙语大全之类的工具书,也不可能明确地告诉你在何时何地说哪一句话。再说,妙语不全是从书中获得的。离开了对生活的深入观察和揣摩,就等于割断了产生妙语的灵感。

每个人对妙语都有不同的体验和理解,也会有不同的欣赏标准。每个人的幽默也是各具特色的。所以要是整理出一个妙语汇总表或出一本妙语大全的话,真不知能不能"包揽一切"。例如:

关于年龄。青春就是我们寻找翠绿田野的时期;而中老年则是我们找到了田野,却已无力耕种的时候。

关于教育。教师让学生们写一篇关于大人们的故事。一位学生写道:"大人们真没意思,他们总是在说别人,自己却什么事也不做。最无聊的事情就是做个大人。"

关于经验。所谓经验就是多年来做事时,反复使用的同一种方法,而且往往是错误的方法。

关于幸福。幸福就像一次数学测验,你刚做出一道题,老师马上又出第二道。

关于肥胖。他实在太充实了,我们需要为他单独设一个邮政编码。

关于心理学。心理医生问病人:"有时你是否觉得听到了一种声音,却不知是谁在讲话,又不知那个人在什么地方?"病人回答:"是的,有这种现象。""什么时候最爱发生这种情况?""当我去接电话的时候。"

当然,还可以再列出更多的故事和笑话,有俏皮话和双关语,还包括一些讽刺小品。愿意使用妙语的人不妨都试着建立一个自己的幽默图表或大全。只有自己设计制造出来的东西,才能对你自己发挥巨大的作用。通过搜集制表的过程,可帮助你注意在生活中挖掘幽默的题材,经过加工使之成为你自己的幽默专集。

留心身边的幽默,你就会发现许多幽默的因素。

同你所熟悉的人交换一些幽默的故事当然有益。在路上散步时,偶尔听到一句有趣的话同样也是有帮助的。例如:"要是认真分析,这并不算求婚,他只是问我愿意不愿意把两个人的工资合在一起使用。"

对从别处听来的幽默,可以通过向另一个人转述来试一试效果。在转述时不妨把来源交代一番,以便别人更加深信不疑。

在工作之中也应试着注意听取别人谈论有关工作问题时的幽默语句。各行各业都有自己独特的笑话和趣闻,所以当你遇到不同职业的人在谈话时,不妨做个"偷听者",听听他们讲的俏皮话和趣闻逸事，使自己在快乐中打开视野。

在公交车上，一位先生感叹道："他可实在是太忙了，真需要花钱雇个人替他散步。"

在这里只介绍几种挖掘搜集幽默题材的方法，供大家参考。

（1）搜集并记录下自己的幽默。

（2）从生活中提炼。

（3）从媒体中获得。

（4）留意双关词语的注释。

（5）旧词翻新，老故事新寓意。

幽默使人魅力长驻

所有的人都会年华老去，容颜难再。但岁月只能风干肌肤，而睿智和幽默的魅力却不会减去分毫。

乔羽不但歌词写得好，而且话也说得妙，乔羽的幽默诙谐、能"侃"会说在京城文艺圈内久负盛名。

据报载，某年 6 月中旬，中国民族声乐比赛初评在武汉举行，乔羽也是评委之一。在有"火炉"之称的武汉一天三班地连续听录音，对 65 岁的乔羽来说可不轻松。为了解闷，乔羽不断地抽烟，一边抽还一边念念有词："革命小烟天天抽。"同是评委的歌唱家邓玉华为乔羽补充了三句，成了一首打油诗："革命小烟天天抽，遇到困难不犯愁，袅袅青烟佛祖嗅，体魄康健心长愁。"乔羽听罢，微微一笑，他联想到邓玉华每餐节食的情景，也回敬了一首："革命小姐天天愁，腹围过了三尺九，干脆天天吃肥肉，明天又到四尺九。"众人听后都捧腹大笑，连日来的劳累烟消云散。

乔羽不是美男子，由于头发稀少，不熟悉他的人，往往容易将 65 岁的乔羽判断为七八十岁的老人。但乔羽从未感到自己老了，他说："我从 18 岁就开始脱发了，看来是不会再长了，索性毛全掉光，成了老猴子，倒用不着理发了。我心里从没有感到老。年龄是你的一种心理上的感受，你觉得自己老了，即使年轻也就真的老了；你觉得自己还年轻，即使老了你也还年轻。"这段话充分展示了乔羽乐观向上的精神面貌，他善于幽默自己，他用自嘲的手法跟自己开起了玩笑，不言头发而称"毛"，并自喻"老猴子"，让人闻之不禁莞尔，而"倒用不着理发了"一句则在幽默之中透露出了乔羽的豁达心境。

幽默的魅力，仿若空谷幽兰，你看不到它盛开的样子，却能闻到它清新淡雅的香味；幽默的魅力，又如美人垂帘，人不能目睹美人之芳华，却能听到美人的声音，间或环佩叮咚，更引人无限遐思……

启功先生的前半生可以说是充满坎坷和艰辛，1岁丧父，母子二人便由祖父供养。10岁祖父过世，家道中落，一贫如洗，再无钱读书。由于得到祖父门生极力相助，启功才勉强读到中学，但尚未毕业。由于个性坚强，不愿再拖累别人，便决心自谋生路。经祖父的门生傅增湘先生介绍，启功认识了辅仁大学校长陈垣，经陈垣介绍，两次工作皆因没有文凭而被炒。但他却没有绝望，一边靠卖字画为生，一边自学，最后终于在辅仁大学谋到一个教职。此后，在陈垣校长的耳提面命之下，启功取得了长足进步。

经过无数人生历练的启功先生，不但在艺术上取得了非凡的成就，而且也在心灵上步入了大彻大悟之境，生命中充满着一种"身心无挂碍，随处任方圆"的大气和洒脱。

启功先生成名之后，便经常有人模仿他的笔墨在市面上出售。有一次他和几个朋友走在大街上，路过一个专营名人字画的铺子，有人对启功说："不妨到里面看看有没有您的作品。"启功好奇，大家就一起走进了铺子，果然发现好几幅"启功"

的字，字模仿得也真够到家，连他的朋友都难以辨认，就问道："启老，这是您写的吗？"启功微微一笑赞道："比我写得好！比我写得好！"众人一听，全都大笑起来。谁知说话之间，又有一人来铺里问："我有启功的真迹，有要的吗？"启功说："拿来我看看。"那人把字幅递给他。这时，随启功一起来的人问卖字幅的人："你认识启功吗？"那人很自信地说："认识，是我的老师。"问者转问启功："启老，您有这个学生吗？"作伪者一听，知道撞到枪口上了，刹那间陷于尴尬恐慌无地自容之境，哀求道："实在是因为生活困难才出此下策，还望老先生高抬贵手。"启功宽厚地笑道："既然是为生计所迫，仿就仿吧，可不能模仿我的笔迹乱写啊！"那人低着头说："不敢！不敢！"说罢，一溜烟地跑走了。同来的人说："启老，您怎么让他走了？"启功幽默地说："不让他走，还准备送人家上公安局啊？人家用我的名字，是看得起我。再者，他一定是生活困难缺钱，他要是找我借，我不是也得借给他吗？当年的文徵明、唐寅等人，听说有人仿造他们的书画，不但不加辩驳，甚至还在赝品上题字，使穷朋友多卖几个钱。人家古人都那么大度，我何必那么小家子气呢？"启功的襟怀比之古人，可以说是有过之而无不及。

据说毕加索也曾留下过类似的逸闻，可见，真名士是不怕别人"盗"的，其胸襟可比大海。

人称"国宝"的启功先生虽然是名人，但他最怕虚度时光，他常常砥砺自己要在有限的生命里，做出更多的奉献。然而，常常有人慕名前来上门请求他写字作画，以致影响了他的正常学习和研究，他又不便直接拒绝，因此，他在创作、研究或身体不适的时候，就在门上挂个牌子，上书"大熊猫病了！"来者看到便禁不住莞尔一笑，虽吃了闭门羹，但仍感到轻松快乐。

启功有一次因病住院，医院向他的家人和单位发了两三次病危通知，许多人都为启功提着一颗心。醒来后，启功诙谐地说："这几天在阎王殿里可没少喝酒，天天让我一醉方休。知道为什么吗？原来阎王想让我给他题字。他说：'启功，你的题字遍及全国，随处可见，由此可见你为人随和，气度非凡，本王也佩服不已。本王的殿堂牌匾日久，想用你的字换下来，以增地狱之辉，如何？'我可不想与阎王交朋友，本不想写，无奈阎王耍赖说：'你若不写，就不放你回阳世。'在阴间太久了，我怕大家为我担心，就只好应命了。阎王送我出来的时候还高兴地说：'我将为你增寿 10 年！'哈哈哈，字写得好，也能增寿啊！"听了他的话，大家都转悲为喜。第二天，启功的一个老朋友听说他住院了，就打电话过来问，启功接过电话慢慢地说:"我已经'鸟呼'了。"对方不明白,启功又说:"只差一点就乌呼(呜呼)了!"听了这话,对方和他身边的人都哈哈大笑了起来。经历许多人生大喜大悲之后的启功,早已像一个得道的禅修者,放下了生死,放下了荣辱,心中充满自然无为的清澈和顿悟。

幽默是一种心境,一种状态,一种与万物和谐的"道"。

一次,一个朋友出于好心,给启功请了一个"气功大师"为他治病,治病前朋友曾告诉启功说"气功师"的功力如何如何了得。治疗的时候,"气功师"把手压在启功的膝盖上,运气发功后,朋友问启功有什么感觉。启功并没有感到有什么异样,但他知道朋友是想让他说些酸麻胀热之类的话,可是,他没有感觉啊!但他又不想拂朋友的好意,就装作挺认真地说:"有感觉!我感觉到有一只大手捂在了我的膝盖上……"听了他的话,大家都乐不可支。

启功是名人,经常被邀请外出讲学,常常有主持人说:"下面请启老做指示。"启功却接过话说:"指示不敢当,因为我的祖先在东北,是满族,历史上通称'胡人'。所以在下所讲,全是不折不扣的'胡说'……"此语一出,便引来一阵笑声,一下子就拉近了和听众的距离。

启功虽一生坎坷,倍感人世艰辛和世态炎凉,但他却视金钱、荣誉和地位如粪土，所以，能宠辱不惊、处险不惧。66岁那年，可以说是他风头正健之时，过生日时，人们为他送上了许多敬仰之词，他心中甚感不安，便挥笔为自己写下了一篇《墓志铭》：

"中学生，副教授。博不精，专不透。名虽扬，实不够。高不成，低不就。瘫趋左，派曾右。面微圆，皮欠厚。妻已亡，并无后。丧犹新，病照旧。六十六，非不寿，八宝山，渐相凑。计平生，谥曰陋。身与名，一齐臭。"

幽默的语言来自纯洁、真诚和宽容如海般的心灵，是生命之中的波光艳影，是人生智慧之源上绽放的最美丽花朵，是人们能够从你那里享受到的心灵阳光。幽默之魅力，如英国谚语所云："送人玫瑰之手，历久犹有余香。"

第十章
赢得人心的赞美接话术

什么是人最感兴趣的东西？一位美国学者说，性、金钱和宗教，是人类最感兴趣的三件事。第一件，我们靠它制造了生命；第二件，我们靠它维持生命；第三件，我们希望在未来的世界中能够继续存在。这三件是人们在各种事情中最感兴趣的，然而，这些兴趣最终还是集中在我们自己身上。

归根结底，各人最感兴趣的还是他自己，掌握这一基本事实，是我们与人谈话成功的前提。

西方有句谚语："送人玫瑰之手，历久犹有余香。"赞美的话就是芬芳的玫瑰，虽然不必破费，却更能打动人心。

恰如其分的赞美，其实并不是件容易的事。如果称赞不得法，反而会遭到鄙视与白眼。为了让对方坦然地说出心里话，必须尽早发现对方引以为豪、喜欢被人称赞的地方，然后对此大加赞美，也就是要赞美他最得意的地方。在尚未确定对方最引以为豪之处前，最好不要胡乱称赞，以免自讨没趣。

赞美初见者，怎样抓住那个点

人类喜欢被奉承之本性亘古流传，许多圣哲、名流都认同这个观点。但这有一个前提，就是你的赞扬必须真实可信，如果明摆着并非出自真心，那么不是对他人的讽刺，就是阿谀。

然而，如何把握阿谀与赞美的分寸，把恭维话说得恰到好处，着实是一门艺术。

对于初次见面的人，我们应该赞美对方的人品、性格，还是称赞他过去的成就、行为呢？

显然，初次见面就赞美对方"你真是个好人"，显得不够真诚，即使是由衷之言，对方也容易产生"才第一次见面，你怎么知道我就是好人"的疑问与不屑。

赞美过去的成就或行为，情况就不同了，对既成事实的赞美与交情的深浅无关，言语的分量更重，对方也更容易接受。

初次见面时，赞美越直接越没分量。称赞与对方有关的事物这种"间接奉承"，要高于称赞对方人品这种"直接奉承"。

赞美别人，想要切中肯綮，抓住"那个点"，是很难的，有时候完全是歪打正着。让我们看看这位先生讲述的自己的奇妙经历——

　　我和不少朋友的家人都相处得很好,其中与一位夫人的友谊甚至比和她丈夫的友谊更为深厚,当然我们之间的关系绝不会使人产生误会。本来我只认识她的丈夫,那么我怎么成了她全家人的朋友呢?我想起因可能是在与她初次见面的那次宴会上我随口说出的一句话。

　　当时,我被介绍给这位朋友的夫人,由于当时没有适当的话题,就顺口说了一句"您佩戴的这个坠子很少见,非常特别",企图以此掩饰当时的尴尬。我说这句话完全是无意的,因为我根本不懂女人的装饰品。出人意料的是,这个坠子果然很特别,只有在巴黎圣母院才买得到,这是她的心爱之物。我随口说出的这句话,使夫人联想起有关坠子的种种往事,从此我们便成了好朋友。

　　有关对方的传言,对你来说即使十分新鲜,也应避开这些陈旧的赞美之词,而大大赞美他较不为人所知的一面。

赞美是一种口德

管理学大师德鲁克有一句经典的话:"所谓的英雄,也许就是沙场上战功卓著的将军和日常生活中经常醉酒后说粗话的凡夫俗子的结合体。"只要是人就会有优点,相应地,也会有缺点。

比如,一个人之所以能够成为我们的上司,必有其过人之处。如果一个笨嘴的上司获得成功,可能是因为他的心灵手巧;一个业务能力很一般的上司获得成功,他处理人际关系的能力可能不一般。如此想开了,许多人生的困惑就可以化解了。

其实,只要你先存着"三代以下无完人"的思想,原谅他的短处,看重他的长处,可赞美的"点"多着呢!

赞美是一种口德,虽然这个观点不一定会获得所有人的认可。

比如你赞美张三,并不是欺骗大众,只是使大众注意张三的长处,也使张三了解自己的长处,因此而格外爱惜、格外努力,把优秀当成习惯。

所以，赞美并不是瞎吹，也不是胡说，而是要根据对方的实际情形来看。每个人都有所短，也都有所长。

清代思想家谭嗣同有一首流传很广的诗："骏马能历险，力田不如牛；坚车能载重，渡河不如舟。"意思是说：骏马能经历艰险，但在田里干活就不如牛；坚固的车子能载拉很重的东西，但渡河就不如船。

普通人看别人，只着眼于其短处，看不见长处，把短处放大，把长处看得很平凡，所以，往往觉得欲赞而无可赞之处。

根据规律，你赞人家，人家也来赞你。所以，赞美绝不是卑下的行为。俗话说："人捧人，越捧越高，你也高，他也高。"这不是人己两利的事吗？

"捧"字好像有些不顺眼，其实"捧"就是赞美、是营销、是宣传。广告是企业家的"捧"，宣传是政治家的"捧"，不过，商人的广告是自己"捧"自己，政治家的宣传是雇了人来"捧"自己。

不要吝于赞美

——她烧的菜特别难吃,我们也要"虚伪地"称赞好吃吗?

——她发型、衣着俗不可耐,我们也要"昧着良心"说她有品位吗?

一些人,特别是年轻人,总是很吝于赞美别人。实际上,在大部分情况下,给你的建议是"Yes"!这种事,和诚实、正直一毛钱关系都没有。不这样,则会损伤你和他人的关系。

说话的最高境界其实就是"说好话"——不是曲意奉承,不是马屁狗腿,而是诚恳讨论、热心关怀,用最温暖的语汇表达最真挚的心意。若是一颗豆腐心却带着一张刀子嘴,任谁也不敢多与你交谈。

有的人之所以不肯赞美人,第一是误以为捧人就是谄媚,有损自己的人格;第二是自视太高,觉得他人不配自己的赞扬;第三是怕别人胜过自己,弄得相形见绌。我们要从根本上看清这些原因,用心研究如何赞美别人,必然能领略到其中的益处。

《论语》中记载了一件尴尬之事,是孔老夫子自己爆的料。

孔子说:"事君尽礼,人以为谄也。"有时候,明明是一种礼貌,明明是赞美别人,可是却被误会是谄媚。

眼界高而胸襟狭窄的人,多半会遭遇很多无谓的挫折。因为这些无谓的挫折,对于一般人多少有些仇视的成分,所以越发不肯轻易认可别人了。

然而,过犹不及。谄媚也是很多成年人的通病。生活的历练让他们老于世故,惯于给人戴高帽子,还沾沾自喜于戴高帽子不用本钱,又满足了对方的虚荣,殊不知"好话说三遍,鸡狗不耐烦"。

赞美的话,很多时候都是中听的,然而,却是一种需要拿捏分寸的说话艺术。

需要判断后果及影响,判断赞美的话是不是符合当时的场景、符合双方的身份、关系;想一下自己的话说出去后有什么后果;有没有触犯什么禁忌等。千万不要弄巧成拙,"拍马屁拍到马蹄子上去了"。

赞美的话没人不喜欢听

马克·吐温说："一句恭维，可抵我三个月的口粮。"

当然，人类喜欢被奉承的本性并不是马克·吐温第一个发现的，许多圣哲、名流都讲过这个观点。

"人告之以有过则喜"，恐怕只有子路才有这样的雅量，一般自命为贤者的人，哪里容得下你的批评！普通人更不用说了，试看古时犯颜直谏的忠臣，有几个不吃苦头的？

汲黯是汉朝有名的憨人，武帝是汉朝有名的贤君，汲黯说他"内多欲而外施仁义"，武帝听后深觉不欢，汲黯也因此终身不得志。

恭维话人人爱听，最令人不可思议的是：越傲慢的人，越爱听恭维话，越喜欢接受别人的恭维。有的人义正词严地说自己不喜欢听恭维话，愿听批评，其实这只是他的表象。如果你信以为真，毫不客气地批评他的缺点，他心里一定不痛快。表面上虽未必有所表示，内心却是十分不安，这对于你与他的关系来说，只有削弱，不会有任何增进。

每个人都有希望，年轻人寄希望于自身，老年人寄希望于子孙。年轻人自以为前途无量，你如果举出几点，证明他的将来大有成就，他一定十分高兴，引你为知己。你若说他父亲如何了不得，他未必会有兴趣，你说他是将门虎子，把他与他的父亲一齐称赞，才配得上他的胃口。但是老年人则不然，他自己历尽沧桑，几十年的光阴过去，并未曾达到预期的目的，他对自己已经不太自信，不复有十分希望，他的希望已寄托给他的子孙。你如果说他的儿子，无论学问还是能力都胜过他，真是个跨灶之子，他不会怪你，且会十分感激你，口头上虽连连表示不敢当，内心却认为你是慧眼识英雄。可见，说恭维话时对对方的年龄特征，要特别注意。

对于商人，你如果说他学问好、道德好、清廉自守、乐道安贫，他一定不高兴；你应该说他才能出众、头脑灵活，现在红光满面，发财就在眼前，他听了才高兴。

对于官吏，你如果说他生财有道，定发大财，他一定不高兴；你应该说他为国为民，一身清正，为官廉洁，他才听得高兴。

对于做学问的人，你如果说他学有根底，妙笔生花，思维敏捷，宁静淡泊，他听了一定高兴。

再讲个有关"拍马"专家的老笑话。某甲是拍马专家，连阎王都知道他的大名，死后见到阎王，阎王拍案大怒："你为什么专门拍马？我最恨这种人！"

马屁鬼叩头回答道："因为世人都爱'被拍'，不得不如此。大王是公正廉洁，明察秋毫，谁敢说半句恭维的话呢？"阎王听罢，连说："是啊是啊，谅你也不敢！"实则阎王也是爱听恭维话，不过说恭维话的方式有别罢了。

这个故事说明世人皆爱被恭维，只要你的恭维话说得有分寸，不流于谄媚，不但无伤人格，而且会颇得人心。然而，这有一个前提，就是你的赞扬尽量要真实可信，如果明摆着并非出自真心，那么就会变成讽刺或者阿谀。

男女偏好不一样，赞美重点要区分。

很多事情都能拿来称赞，比如对方的观点、工作态度、性格、言行举止等，无论你的谈话对象性别为何，都可以利用时尚、美容这类一般性话题展开双方的对话。

再者，可依照男女思维的特性，用心调整称赞方式——男性普遍会因为得到"社会认同"而开心，女性则会为"个人受到喜爱"而高兴。

对男人说："今天你也是马上就决定好了！"接着再讲几句肯定他才能的话："真了不起，有能力的男人就是不一样啊！"这种简单的赞赏话语就能使男人雀跃不已。

对女性说："你今天穿的衣服很好看！"紧接着再讲一句：

"接触到你这种气质优雅的女生，心情都变好了。"对方听到之后觉得自己"受人喜爱"，因而倍感开心。

顺带一提，女性会希望自己"比实际年龄看起来年轻"。例如你可以这样讨好30岁左右的女性："你看起来好像大学生！"而且建议要提高音量说。若是关系好到可以开玩笑，就再谄媚一点讲："看起来根本像是20岁！"清楚了解男女感到快乐的重点不同，聊天就会很快进入状态。

屡试不爽的间接颂扬法

德国的"铁血宰相"俾斯麦，为了收服一个与他作对的大臣，曾刻意对别人大加赞美这位大臣的长处，他知道那人听到之后，一定会把他说的话传到敌视他的大臣耳中。后来那个敌视俾斯麦的大臣听到后感到意外，进而化敌视为感恩戴德，竭诚效力于俾斯麦了。在各种恭维的方法中，这个方法算是最能取悦人的了，也是最有效的。

还有一种间接颂扬的方法。在克利夫兰当过律师，后任军事部长的贝克，曾在法庭上运用过此术。当他向一位外国后裔的法官陈述案情时，他貌似不经意但很诚恳地说了一句关于该法官所属民族的谚语，由此，贝克很轻易地赢得了这位法官的好感。

这是一种简单有效的计策。如果某人很注重仪表，很有绅士及学者风度，且非常憎恶那些不拘小节、行为粗鲁、没有文化的人，那么，你可以当着他的面称赞他的民族多么有教养，多么勤勉持家、生财有道、崇尚教育等，此君一定会觉得非常欣悦。

有位学者曾告诉我们其中的道理："你所要恭维的那个人，他所引以为傲的品行，被他人当着面引申到其他与其有牵连的人身上恭维颂扬，使他听来就如同颂扬他的品行一样悦耳动听，而又没有露骨肉麻、阿谀之嫌。"

颂扬与赞美，是领袖们常用的一种最犀利的工具，用以统领和团结人们。

最实用的赞美，便是那种在我们赞美别人之后，可以深深地打动他们，左右他们的成败，但在我们未发言之前，他们自己毫无觉察，十分意外的言辞。

"二手玫瑰"更芬芳

世界上的二手货多数都会贬值，偏偏赞美这种东西，却是增值的。

"送人玫瑰，手留余香。"赞美的话，就是玫瑰。如果是一枝"二手玫瑰"，对方可能反倒更加高兴。因为那样的赞美听起来，比你自己一味地说一些空洞的言辞，要可信得多了。

如果你不善于发现对方的"新痒处"，更不会凭空捏造去赞美，那也不代表没有办法了。你不妨转述一遍从别处听来的、赞美对方的话。例如，"别人都说你……故我今天特来请教"，其效果就比直接说出来好得多。

而且，人们对背后的言语是十分敏感的，因为再自信的人也在乎别人的评价和看法，都希望自身的价值能得到客观的认可。尤其是女性，背后的话，对她们的影响力更大。女性之所以如此，大概是很想知道自己真实的一面吧！周围的声音是最客观的，所以，很容易让她们信赖。

当你对她一味地强调"我认为，我认为"时，即使她真的美如天仙，你的赞美也很难使她得到满足，因为她会怀疑你这是一种客套，仅仅是"甜言蜜语"而已。

如果你对一位初相识的女人说恭维话，千万别太主观地对她说："你真漂亮哟！"而应该说："听我朋友说过你很美丽可爱，今日一见，果真名不虚传。"或者："早就听人说我们（或你们）单位今年招了一位非常美丽的女孩，原来就是你啊！而且比我想象得更美丽。"这样，她不仅容易接受，并且会因此对你的印象特别深刻。

如果你赞美的是位服务员，你不妨这样说："听说这个店里有一位街道上的人都公认的最漂亮的女服务员……我一见到你便想，一定是你了。"这样的措辞，显然相当客观，还把所有公众的心声传给了她。她便会在心中想道："那些称赞的话是在说我吗？如果是说我的话，该有多好啊！"她的那种兴奋与不安的心情可想而知。过一会儿，你可以再添上一句："真的是你，没错。"

女人，与其把你对她的赞美之词说上一百次，倒不如加上一句"大家都这么说"更有用，因为她们天生就渴望被认同。所以，百无一失的颂扬，应该是间接的。

如果有人告诉我们，某某人背后说了许许多多关于我们的好话，我们听了能不欣喜吗？这种赞美，如果当着我们的面说出，或许反而会使我们感到很别扭，或者怀疑其诚意。

为什么间接听到的颂扬，就听着非常顺耳呢？因为那无疑是发自内心的赞语。

此外还应注意，从第三者口中得到的情报有时在初次见到对方时能起到重要的作用。但是，如果你将这些情报、传言直接转述给对方，恐怕只会遭到轻蔑。因为众人皆知的有关他的传言就是人们的公论，对此他已经听腻了，如果你旧事重提，对方甚至会想："看！又来了！耳朵都起茧子了！"表面上也许付之一笑，内心却心生轻慢。

赞美要得体、优雅

给人"戴高帽子"是个巧活。高帽子尽管好，可尺寸也得合乎规格才行。

过度地恭维，就会沦为谄媚。在现实的交往中，大凡向别人敬献谄媚之词的人，总是抱着一定的投机心理，他们自信不足而自卑有余，无法通过名正言顺的方式来博取对方的赏识、表现自己的能力。而要达到目标，只好采取一种不花力气又有效益的途径——谄媚。

赞扬源自荣誉心，荣誉心产生满足感，但是，当人们发现你言过其实时，常常因此感觉受到了愚弄。所以，宁肯不去恭维，也不宜夸大。

孔老夫子有话："巧言令色鲜矣仁。"过于粗浅的溢美之词会毁坏了你的名声和品位。不论用传统交际的眼光看，还是用现代交际的眼光看，阿谀奉承都是一种卑鄙的行为。

正人君子鄙弃它，小人之辈也不便正大光明地应用它。毛泽东生前也多次批评过吹吹拍拍、拉拉扯扯的庸俗作风。可见，阿谀谄媚者，无仁无义、俗不可耐。

如何做出美观、得体、优雅的高帽子呢？

——量体裁衣，突出优点。

人总是喜欢被奉承的。即使明知对方讲的是奉承话，心中还是免不了沾沾自喜，这是人性的弱点。换句话说，一个人受到别人的夸赞，绝不会觉得厌恶，除非对方说得太离谱了。奉承别人，首要的条件是要有一份诚挚的心意及认真的态度。言辞会反映一个人的心理。因而，轻率的说话态度很容易被对方识破，从而产生不快。

——乱扔高帽子，必然贬值。

一则寓言说，小偷看见狗从旁边走过，便不停地把小块面包扔给它，狗对小偷说："你这家伙，给我滚开！你这种好意使我感到非常害怕。"小偷简直丢尽了恭维者的脸,他连狗都骗不了。

对于不了解的人,最好先不要深谈。要等你找出他喜欢的是哪一种赞扬,才可进一步交谈。最重要的是,不要随便恭维别人,有的人不吃这一套。

高帽子其实就是美丽的谎言,首先要让人乐于相信和接受,所以,不能把傻孩子说成天才一样,那就离谱;其次是美丽、高雅,不能俗不可耐、低三下四,糟蹋自己也让别人倒胃口;最后便是不可毫无特点,不动脑子。

如果今天一大早就有人夸你"衣着得体、非常漂亮、有精神",那么你一天的学习、工作状态一定会很好吧。看来小小的一句恭维可以迅速拉近人与人之间的距离,得到别人的喜爱,也可以给人信心、快乐。

要恭维他人,先要选好恭维的话题,不可过分夸张,更不能无中生有。对于青年客户,恭维他年轻有为、敢于开拓;对于中年客户,恭维他经验丰富、见多识广;对于知识分子,恭维他知识渊博、刻苦钻研;对于商人,恭维他头脑灵活,发财有道……这些都是恰如其分的称赞。如果赞美一中年妇女活泼可爱、单纯善良可能就会不伦不类,弄不好还会遭到臭骂。赞美你的领导发家有方、日进斗金,恐怕你升迁的希望就渺茫了。

要恭维他人，就要善于体察人心，了解对方的迫切需要，有的放矢。比如营业员与顾客在商品质量、价格等方面争执不下时，营业员改换话题，称赞这位顾客真有眼光，这衣服款式是最新的，面料也好，特别畅销。再夸她能说会道，真会讲价，我们这儿从没卖过这么低的价钱。顾客一定不好意思再争下去，说不定很快就买下来了。看吧，人的心理就是这么奇怪。

要夸别人，应有一种"战无不胜"的信心。人都是有弱点的，再谦虚，再不近人情，再标榜不喜欢听甜言蜜语的人，其实都喜欢别人恭维的，只要做到恰如其分。

恭维的话不能过多，多了对方会不自在，觉得你是虚情假意、花言巧语，因此不信任你。恭维过多也不利于交谈，在谈话中频频夸对方"好聪明""好有能力"，对方频频表示客气，谈话往往无法顺利进行。

恭维对方本身不如恭维他的成绩。比如，恭维对方容貌就不如恭维他的品位与能力，因为容貌是天生的，爹妈给的，无法改变，而品位与能力是自己后天养成的，表明他的价值，是自身的成绩。

恭维话要有新意。不要总空洞无物地夸对方"好可爱""好聪明"，应当有自己的看法与见地。夸别人这件衣服好看，就不如夸她的上衣与裙子搭配得非常巧妙、非常合适、整体效果好。

　　陌生人刚见面时，可以先恭维他的名字有新意、有内涵，以此拉近距离，展开对话。这种方法可以让人觉得你很友好、很重视他、愿意和他交谈。

　　请留心对方的反应，当对方对你的恭维显得不自在或不耐烦时，就要适可而止了。

第十一章 化解冲突的柔性接话术

要掌握语言之道、对话的技巧，最重要的精神是包容和同理心——包容和自己不同的见解、将自己切身地放到对方的境地，理解对方的处境。这是我们在面对这个光怪陆离的世界时所能拥有的最大善意。

让你说出的 No 像 Yes 一样悦耳

情商高的人,知道他人的界限,又会恪守自己的底线,同时又把这一切做得浑然圆润。经典电影《教父》中有一段台词:"当你说'不'字时,你得把'不'字说得听上去就像'是'字一样悦耳。"

这种境界,可以说是情商的最高境界了。还有一种办法,可以达到同样的效果,那就是设法让他们亲口说"不"字。说"不"靠的不仅仅是技巧,还有温柔而坚定的态度,就算全世界的道理都在你这边,你也要保持委婉、耐心、善意。

例如某乐队的专场演唱会,当他们唱完最后一曲时,把气氛推向了最高潮。

观众意犹未尽,齐声呐喊:"继续唱,唱到天亮为止。"

盛情难却,乐队又唱了三首,在第三首唱到一半的时候,主唱说:"我在舞台上,发现有一个荧光棒很特别,与众不同。那个荧光棒是红色的,一直没有变色。"

观众们面面相觑。

主唱接着说:"我再仔细一看,才发现原来那是安保人员的指挥棒。"

大家都笑了。

主唱说:"天气这么冷,感谢这些安保人员,谢谢他们陪我们。我不确定他们愿不愿意陪我们延时加班,希望他们赶快回家洗一个热水澡……"

这时的观众也被感染了,在掌声中纷纷起身。

主唱展现了超高的情商,不仅婉拒了延时到天亮的不合理请求,而且能激发观众体恤他人的同理心。这除了需要对人性有深刻的洞察之外,还需要付出耐心和爱心。

化"尖刻的指责"为"真诚的关切"

——除了会打网游,百事不成,废材一个!

——天天不忘喝四两猫尿晕晕,酒囊饭袋!

当我们"恨铁不成钢"地责问亲友、同事的时候,可曾体会过对方的感受?尖刻的指责是再没水准的人也能吼出口的。

正所谓"爱之深,责之切"。正是因为亲近,我们常常在质问他们时,忽略了"爱"的传达。

于是乎，你越是关心他，他就"反弹"得越厉害，甚至暴跳如雷，与你对抗，因为你侵犯了他的尊严。

能否把尖刻的指责，倒退几步来提问？

——是不是在学校不开心？所以上网打游戏，来排解压力？

——那件事一直让你难以释怀吧，一直这么借酒浇愁，会不会已经形成了酒精依赖？

——是不是这件事令你特别痛苦，所以才用药物来逃避？

这样，即便是假设的推断，对方也不会那么抗拒，因为他知道你是在关心他，而不是审讯他。

曾流行着一首歌，歌词中有一句是这样写的："明知是错，但却也改不过来。"这首歌的内容是叙述一个工薪阶层的人酷嗜杯中物，已到了毫无节制的地步，经常喝得烂醉如泥，有时候甚至还在车站过夜。他知道这样做对身体有害，但就如歌词中所说的："明知是错，但却也改不过来。"

虽然有的人还没达到像他一样在火车站过夜的程度，但像这样的人在社会上也存在，他们心里感到非常痛苦，无时无刻不在承受着良心的苛责。此时，你若根本不能体会他的内心，反而一本正经地做攻击性的劝解，会使他产生什么样的心态呢？即使你是出于好意，却不为对方所接受，对方非但不改过，反而变本加厉。所以，这种劝解方式，一开始就注定会失败。

譬如，某公司一位职员经常迟到，上司若是当面对他说："你到底打算怎样，公司并不是你一人的，可以想怎么做就怎么做，你这么做已将公司的秩序搞乱了，你好好反省反省。"

与其这么说，倒不如抓住对方的"良心"说："我想你内心必定也认为迟到是不对的，若是你能坚持这个正确的看法，便可望在不久的将来，体会到全体职员都准时上班的乐趣。"这样说更能为他所接受。

谁都希望自己被上司赏识。如果你的言语刺伤了他人，即使说得再多，他也无动于衷；相反，若能先肯定对方，之后再伺机说出自己的意见，那比任何一种威胁的话都来得有效。

若是想让对方接受你的劝解，不妨用"我想你内心也必定这样想"这句话来引导他。

骑马的最好方法是顺着它的方向跑

很多时候，与其开门见山地讨论主题，倒不如先天南地北地闲扯，解除对方心理上的武装，然后偷偷地带上主题，使对方在不知不觉中入瓮，从而达到我们的目的。

有一家电器公司的推销员挨家挨户推销洗衣机，当他到一户人家里，看见这户人家的太太正在用洗衣机洗衣服，就忙说："哎呀！这台洗衣机太旧了，用旧洗衣机是很费时间的，太太，该换新的啦……"

结果，不等这位推销员说完，这位太太马上产生反感，驳斥道："你在说什么啊！这台洗衣机很耐用的，到现在都没有故障，新的也不见得好到哪儿去，我才不换新的呢！"

过了几天，又有一名推销员来拜访。他说："真是令人怀念的旧洗衣机，因为很耐用，所以对太太有很大的帮助。"

这位推销员先站在这位太太的立场上说出她心里想说的话，使得这位太太非常高兴。于是她说："是啊！这倒是真的！我家这台洗衣机确实已经用了很久，是太旧了点，我倒想换台新的洗衣机！"

于是推销员马上拿出洗衣机的宣传小册提供给她做参考。

这种推销说服技巧，确实大有帮助，因为这位太太已经产生购买新洗衣机的意向。至于推销员是否能说服成功，只不过是时间长短的问题了。

善于观察与利用对方的微妙心理，是帮助自己提出意见并说服别人的要素。

例如，当你感觉到对方仍对他原来的想法保持不舍的态度，其原因是尚有可取之处，所以他反对你的新提议，此时，最好的办法就是先接受他的想法，甚至先站在对方的立场发言。

"我也觉得过去的做法还是有可取之处，确实令人难以舍弃。"先接受对方的立场，说出对方想讲的话，为什么要这样做呢？因为当一个人的想法遭到别人一无是处的否决时，他极可能为了维护尊严或咽不下这口气，反而更倔强地坚持己见，排斥反对者的新建议。

局面如果到了这个地步，成功的希望就不大了。

一般来说，被说服者之所以感到忧虑，主要是怕"同意"之后，会发生意想不到的后果。如果你能洞悉他们的心理症结，并加以劝解，他们还有不答应的理由吗？

至于令对方感到不安或忧虑的一些问题，要事先想好解决之道，以及表述方法，一旦对方提出问题，可以马上说明。如果你的准备不够充分，讲话时模棱两可，反而会令人感到不安。

所以，应事先预想一个对方可能考虑的问题，此外，还应准备充足的资料，给对方提供方便，这是相当重要的。

俗话说得好，"骑马的最好方法是顺着它的方向跑"。只有先顺着马的方向跑，才能有机会慢慢地驾驭它。强硬地让马掉转方向只会让自己筋疲力尽，还可能惊了马。同样，我们想说服别人，不能使用蛮力，只能有技巧地改变他的心意。

对朋友客套适可而止

显然，对朋友过于客气，那就显得见外了。

假如你到一个朋友家里，你的朋友对你异常客气，你每说一句话，他只有点头附和；每当和你说话时，总是满口客套话，唯恐你不喜欢，唯恐开罪于你。如此一来，你一定觉得如针芒刺背，坐立不安，终于逃了出来，才如释重负。

这样的情形如果很多，你就得想想，你如此对待过你的朋友吗?

虽然是客气,但这客气显然是令人痛苦的。开始会面时的几句客气话倒不成问题,若继续说个不停就太不妥当了。谈话的目的在于沟通双方的情感,增加双方的了解。而客气话,则恰恰是横阻在双方中间的一堵墙,如果不把这堵墙拆掉,人们只能是隔着墙,做极简单的敷衍酬答而已。

朋友初次会面,略微客套后,第二次、第三次见面就应少用"您""阁下""府上"等敬词,如果一直用下去,真挚的友谊势必无法建立。

客气话多用来表示恭敬或感激,不是用来敷衍朋友的。所以要适可而止,多用就会流于迂腐、虚伪。有人替你做一点小小的事情,譬如说倒一杯茶,你说句"谢谢"就够了。要是在特殊的情形下,那么最多说:"对不起,这事情要麻烦你。"也就足够了。但是有些人却要说"呵,谢谢你,真对不起,我不该拿这种小事情麻烦你,真使我觉得难过,实在太感激了……"等一大串,你在旁边听着也会觉得不舒服。

可是,我们自己不也有这样的毛病吗?

说客气话的时候要充满真诚。像背熟了的成语,行云流水般泻出来的客气话,最易使人生厌。说时态度更要真诚,不可表现出急促紧张的神情。还有,说话时要保持身体的均,过度的鞠躬作揖、摇头摆身的客气情态,并不雅观。

把对朋友太过客气改为坦率诤言,你一定可以享受到友谊之乐。对平时你从来不会表示客气的人稍微客气一点,如家中的亲人、你的孩子、商店的伙计、计程车司机等,你一定会有意想不到的收获。

过分的客气话也有妙用。在一个朋友家中,这是使主人窘迫的最好利器,而当你是主人时,那又是最好的、最高明的逐客方法。这种方法的效果更胜于把他大骂一顿。如果你怕朋友们到家里干扰你,拼命跟他说客气话就好了,临走勿忘请他有空再来,你知道他绝不会再来的。

说客气话应注意的事项

——要言之有物。这是说一切话所必具的条件。与其泛说"久仰大名、如雷贯耳",不如说"阁下上次主持的冬季救灾义演晚会成绩之佳,真是出人意料"。至于恭维别人生意兴隆,不如赞美他推销产品的能力,或赞美他的经营手腕。请人"指教一切"是不行的,你应该择其所长,集中某点请他指教,如此他一定高兴得多。

——缺乏真诚的刻板的客气话，必不能引起听者的好感。"久仰大名、如雷贯耳""贵号生意一定发达兴隆""小弟才疏学浅，一切请阁下多多指教"……这些缺乏感情的、完全是公式化的恭维话语，若从谈话的艺术角度来看，是非加以改正不可的。

从某种意义上说，客套也是一种艺术，是一种生产力。

第十二章 真心尊重,是唯一的原则

有位资深媒体人回忆她做电视台实习生期间，曾经跟随一位经验丰富的前辈，一起去采访一位女企业家。

这位女企业家相当难对付，采访期间提了不少苛刻要求。特别是摄像师，都不知道被她否定了多少次，现场的气氛一度很尴尬。

这位前辈并没有和这位受访者争论，而是和颜悦色地安慰这位女企业家："您可能有点紧张，不要紧，慢慢来。"

原来，女企业家的颐指气使，是在遮掩紧张。这位女企业家被人说中了心思，竟也面露羞赧。

女企业家的态度渐渐配合起来，采访也得以顺利完成。临走时，女企业家甚是热情，还送了她们不少礼物。

后来这位媒体前辈说："别人说我情商高、有技巧，其实，一千个所谓的技巧，比不上你真正尊重采访对象的一秒。"

表达你的真诚

有位汽车业的经纪人，根据多年的工作经验观察分析推销的成功率，是"滔滔不绝，卖瓜且自夸者三；沉默寡言，虚心求教者七"。他指出，许多业务员凭借三寸不烂之舌，想从正面说服顾客，其成功率仅三成而已。至于那些能够控制自己的谈话时间，耐心地聆听顾客的批评或建议，然后谦逊有礼地提出改进之道者，必能赢得顾客的好感，其成交的比例也就高达70%以上了。

一位顾客走进一家电器商场，一台音色纯正、低音浑厚、震撼力强的音响引起了他的注意。这时一位男售货员热情地迎上来，满脸职业微笑，主动介绍这款新产品。他的介绍很专业，很流畅，从性能优势到结构特点，从性价比到售后服务，一边道来，一边进行演示。

这位顾客被售货员热情而熟练的介绍所感动，对产品产生了几分好感。本想再问点什么，可是售货员连珠炮似的讲着，顾客总也插不上嘴，售货员不管那位顾客懂还是不懂，也不管那位顾客反应如何，喋喋不休地讲下去。于是，那位顾客心里已有几分不悦了，特别是当售货员褒扬自己的品牌而贬低其他品牌时，顾客不免对他的动机产生了疑问，如此夸夸其谈之后，产品性能是否果真优秀？顿时，这种疑虑把先前产生的好感一扫而光，只是出于礼貌不好意思走开。幸好这时又来了一位顾客，那位顾客乘机"逃"出了商场。不消说，那位售货员会为他白费了口舌，而有几分失望和怨愤。

为什么售货员滔滔不绝的介绍，反而打消了顾客的购买欲望呢？其实这种抗拒心理，不是对货物有所抗拒，而是售货员在销售过程中的僵硬术语让人越听越烦，这是个值得深思的问题。

大量事实证明，说话的魅力并不在于你说得多么流畅，滔滔不绝，而首先在于你是否善于表达真诚！最能推销产品的人，并不一定是口若悬河的人，而是善于表达真诚的人。当你用得体的话语表达出真诚时，你就赢得了对方的信任，建立起人与人之间的信赖关系，对方也就可能由信赖你这个人，而喜欢你说的话，进而喜欢你的产品了。

与人交谈时要保持充分的敬意

曾经有一位销售高手讲,即便是在家里与客户打电话的时候,他也会穿上正装。他解释道,言为心声,我们的措辞会在无意中流露出我们的真实态度。即使是在自己家里与客户说话,他也应该表现出该有的虔敬。

如果和人第一次见面时只是彼此交换名片而已,这样给对方留下的印象就不会太深刻,所以经常会有在第二次见面时,再次交换名片的现象。

为了避免这种情况发生,就要做到一见面就给对方留下深刻的印象,在见面时应全神贯注,把自己的身影刻在对方的脑海里,使之牢记不忘。

在与人交谈时,可适当运用眼神、眉毛、嘴角等部位在形态上的变化,来表达自己对对方所言的回应与配合,从而充分表达自己的敬意,并为积极融入交谈中做最充分的准备。此外,还应注意修炼自己的音色,不要过于尖锐。要熟练掌握与运用传统文化中的敬语和谦辞。

初次见面说久仰，看望别人说拜访。
请人勿送用留步，对方来信用惠书。
请人帮忙说劳驾，求给方便说借光。
请人指导说请教，请人指点说赐教。
赞人见解说高见，归还原物叫奉还。
欢迎购买叫光顾，老人年龄叫高寿。
等候客人用恭候，接待客人叫茶后。
客人来到说光临，中途要走说失陪。
送客出门说慢走，与客道别说再来。
麻烦别人说打扰，托人办事说拜托。
与人分别用告辞，请人解答用请问。
接受礼品说笑纳，好久不见说久违。

与人交谈时除注意语言美、声音美之外，姿态美也很重要。一些肢体语言，可以透露出我们的敬意。比如，在正式场合与人会面交谈时，身子要适当前倾，不可以一开始就将背部靠在椅背上。就座时，不可以扭扭歪歪，双腿叉开过大。

一言以蔽之，在与人交谈时应当体现出以诚相待、以礼相待、谦虚谨慎、主动热情的基本态度，而不要让人感觉你像是在逢场作戏、虚情假意或应付了事。

警惕自己的"弱者心态"

很多关于社交技巧的书籍（特别是针对女性的），都建议你在参加聚会的时候故意迟到几分钟，否则容易给人"掉价"的印象，因为"大人物"总是最后登场！

其实，这是一种弱者心态，完全没有必要每次都刻意迟到。

要知道，幸运可以带来更多的幸运，霉运可以带来更多的霉运。

所以，我们要善于转化自己的"弱者心态"。

去爱吧，像不曾受过伤一样

跳舞吧，像没有人在欣赏一样

去爱吧，像不曾受过伤一样

唱歌吧，像没有人在聆听一样

工作吧，像不需要钱一样

生活吧，像身处于地球上的天堂一样

艾佛列德·德索萨的这首《去爱吧，像不曾受过伤一样》，就是启示我们如何转化"弱者心态"的文字。

比如一次大型聚会，你早到的话，就可以获得一种"主场生理机能"。

如果你是第一批到达房间的人，你就可以采用一种主人迎候客人的心态，而不是走进房间后发现200个人已经在那里互相交谈。

你最好站在门道旁边，以加强你对于其他人的吸引力。你也可以站在吧台边，如果你是一位女士的话，也可站在洗手间附近，那里经常站着一行人。

你最好穿戴一件有助于带动话题的配饰，比如一个不同寻常的胸针或襟针。或者，你应该时刻留意热点新闻，为开启谈话做好充分准备。

另一个非常有效的技巧是，讲一个与你有关、颇具戏剧性的故事，或者展示一下某种把戏，比如你擅长的某个小魔术。

当我们多次看到某个人，就会觉得似乎认识他。"双击技术"——开启一场谈话，然后借口离开，稍后再跟同一个人交谈。我们利用这个原理，能够快速消除两个人之间的陌生感。

为了建立默契感，我们可以模仿对方的言辞和手势。当然，千万不要模仿他的缺陷，否则会让人误会你是在嘲笑他。

这里还有一种"价值百万美元的握手方式"。设想你将遇见的下一个人是你上小学时最好的朋友，你已经数十年未见到过他。握住这个人的手，仿若他就是那个小学朋友。用另一只手覆盖正紧握的两只手，心中数上三秒之后再放开。

不要等到交流结束时才交换联系信息。在出席重要场合时，要经常随身携带一部带照相功能的手机，在征得对方同意的前提下，拍摄下你想记住的人的照片。以后用电邮进一步联系这个人时，你可以附上此时的照片。

小贴士：有助于进入"强势状态"的技巧

（1）在步入一个重要场合之前，你最好先沉思5分钟或闭上双眼，做10次深呼吸。

（2）跟你周围的环境交朋友。走到房间里的一个物品（比如，一株植物或一把手扶椅）前自我介绍一下。

这种方法有助于你转换思维，这样，周围陌生甚或敌对的环境就为你所用了。

让对方产生亲近感的技巧

对于初次见面以及了解不深的人,如何借语言消除彼此之间的陌生感,减少隔阂,以获得信赖,是一门大学问。

人在潜意识里,总是会特别惦念自己的父母、妻子等关系亲近的人,一旦发现有人也在关心着自己关心的人,或者具有相同的关心心态,大都会产生认同感。

比如,一位国外的政治家十分懂得利用人们的微妙心理,借巧妙的场面话使人大受感动。有一次,他在纽约旅行时,巧遇了多年不见的好友。他乡遇故知,两人非常高兴地握手寒暄,互道近况,相谈甚欢。各自回到旅馆之后,政治家立刻拨了一通国际电话给好友在国内的妻子:"我是×××,是你先生的老朋友,你先生在纽约一切都很好。"

好友的妻子感激莫名,顿时热泪盈眶。一直到后来,好友夫妇还经常向人谈论起这件事。

同时,在日常生活中,常把"令尊好""嫂夫人好""孩子们可好"等问候语挂在嘴边,必能使他人觉得备受关心,深深感动。有位知名播音员非常受观众欢迎，经常率团到各地巡回演出。每到一个新的地方，他一定要套用一两句当地的用语，以拉近和观众之间的距离。

这些事例，都基于同一原则——赢取亲切感。借由关心对方的家人，或是使用流行语、当地的方言，可以引起强烈的亲切感，产生同属一个团体的归属意识，强调"同伴""同伙"的关系，别人当然乐于与你交往。

记住他的名字

尽管吉姆·弗雷德只有小学学历，可他在46岁之前，已经有4所学院授予他荣誉学位，并且他还成了民主党全国委员会的主席、美国邮政总局局长。

弗雷德成功的秘诀在哪里呢？原来，他有一种记住别人名字的惊人本领。

吉姆·弗雷德10岁那年，父亲就意外丧生，留下他和母亲及两个弟弟。由于家境贫寒，他不得不很早就辍学，到砖厂打工赚钱贴补家用。他虽然学历有限，却凭着爱尔兰人特有的热情和坦率处处受人欢迎，进而转入政坛，最后还担任了邮政总局局长之职。

有一次，有人问起他成功的秘诀，他说："辛勤工作，就这么简单。"那人有些疑惑，说："你别开玩笑了！"

他反问道："那你认为我成功的原因是什么？"

那人说："听说你可以一字不差地叫出一万个朋友的名字。"

"不，你错了！"他立即回答道，"我能叫得出名字的人，少说也有五万。"

姓名是一个神奇的语言符号，人们如此看重它，是因为它包含着特殊的意义。姓名与本人的尊严、地位、荣誉、心理，以及彼此间的感情、友谊紧密地联系在一起。

甚至可以说，名字就是你，你就是那个名字。这一点在交际中表现得尤为明显。当人们的名字被遗忘、被搞混，不管有意无意都可能带来不良的影响，轻者让人家心理上反感，拉开彼此的距离；重者会影响彼此的感情，损害人际关系。

因此，在与人结交的时候，我们至少应记住他人的姓名、职务，见面时能道出其名、其职。这样做，一方面是出于礼貌，表示尊重；另一方面又是珍视感情的表现。

从一定意义上说，记住姓名是一种廉价而有效的感情投资。记住他人的姓名就等于把一份友谊深藏在心里，记忆时间越久，情谊就越深，如同一瓶陈年好酒，越放就越醇。在交际中记住对方的姓名，对方必定能从中体会到你的深情厚谊，感受到他在你心目中的位置，进而增加对你的亲切感、认同感，加深彼此的感情。

我们应该注意一个名字里所包含的"奇迹"，了解到名字完全属于与我们交往的这个人，没有人能够取代的。名字能使人出众，也能使一个人在多人中显得独立。我们需要的和我们所要传递的信息，只要从名字开始着手，就会显得特别重要。

有的老师之所以能够在初次与学生见面时，叫出他们的名字，其实并没有什么神秘方法。他会预先下一番别人不肯下的功夫——把学生的照片反复辨认，把许多照片作为一本有趣的新书来读。连续几天，把所有的照片全都读熟，每个人的面貌都印在他的脑子里，与普通熟人一般无二。所以，一见如故，不待问清姓名便可自然地叫出对方的名字来，使得被叫之人不由得大吃一惊。

但是，普通人通常不肯下这种烦琐而乏味的功夫，实际上，你要熟记陌生人的姓名，从照片上认识他的相貌，同时与姓名一齐熟记，是容易办到的事。比如有一张团体照片，你有意熟记照片上的人，相信每天只要花十分钟工夫，不到三五天就可以完全认识。

表达善意是友谊的开始

每天在汽车上,在电梯内,在行走中,当你开口与擦肩而过的人谈话时,你是否意识到你们的友谊可能就在此时开始产生呢?这种体验也许你也曾经有过吧。

毫无疑问,沟通的最好形式就是语言。通过语言可以表达我们的善意,可以激发对方的好感。当你说话时,如果能使对方谈他感兴趣的事情,就表示你已经很巧妙地吸引了对方。此时,我们再以问答的方式诱导对方谈论他个人的生活习惯、经验、愿望、兴趣等。

对方如果对你的问题有兴趣,自然乐意叙述自己的一切,而你不就成了他的听众了吗?对方会因为你那关怀备至的态度而开怀畅谈,甚至会因此对你表示出崇敬之意。

就拿你个人来说吧,如果有人肯接纳你,听你阐述你的人生观,或向你请教有关的问题,你就会对他表示好感,这就是所谓的人之常情。能善于利用这种人之常情的人,才算得上一个聪明的人。

例如,你若想深入地了解某一个人,不妨以目前的政治情况、工业界的状况，或他所驾驶的汽车厂牌、现在的交通状况、高速公路的路况、目前的所得税率、食品价格等问题来和他交谈。换言之，也就是让对方开口谈论他所关心的话题，而你的责任就是负责提出这一类的问题。

仅仅一面之交，就想与对方成为亲密朋友的最好方法，就是跟对方交谈。我们知道，一个人最愿意谈论的，而且也最关心的话题，莫过于他个人的一切事情。只要你肯花一点时间，让对方畅所欲言地叙述他自己的事情，那么，他就有可能成为你的莫逆之交。

美国纽约市凤凰人际关系协会的专家学者哈利·N. 赫歇尔先生曾说过，他在日常生活中，觉得最感兴趣，也最有意义的一件事就是跟别人交谈。为此，他细述道："常常有人来向我请教，问我如何与在吃午餐时所碰到的或是在旅馆门口以及旅行车上遇到的人说话。我对他们说，在双方互通一些例行的客套话之后，可以客气地问对方：'请恕我冒昧，可以问你从事哪一种职业吗？'如果对方乐意回答，便可以进一步地问他：'可以告诉我，究竟是什么原因促使你从事这种职业吗？'关于这个问题，十有八九的人都会回答：'唉！说来话长……'这样一来，我们不就很自然地成了他的听众吗？对方因为有人听他讲话，自然会侃侃而谈了。"

用"我们"代替"我"

诗人但丁曾言,使人们受益良多的,是用"我们"代替"我"。

自古以来出现过不少有名的演说家在演说时与听众打成一片的现象,譬如当他举起拳头时,成千上万的听众也同样举起拳头与他同仇敌忾,很多政治家属于这类人物。

为什么他们的演说能让听众的心紧密地结合在一起?其秘诀在于他们所使用的言辞和所持的态度抓住了听众的共同意识。为了达到这一目的,他们在演说中更是频频使用"我们""我们大家"等字眼,以表示这些内容与你我众人息息相关。所以只需简单的几句,即可让大众的心聚拢在一起,使人人都有"命运同一"的意识。

在一些会议上也同样会使用类似的语言,如"我们要趁早将牛肉自由化,使大家能吃到廉价的牛肉,所以我们必须……以达到这一目的"。

这就使听者感觉到,这是我们大家共同的事情,并非某一个人的事情。

由于每个人的内心都或多或少存有潜在的"自我意识",

所以不愿意受到他人的指使。如果他认为你是在说服他,他的自我意识会变得更为强烈,就更不易向你妥协,即使你说得天花乱坠、头头是道,在他看来也只是你在为你自己的个人利益而做的一场表演而已,更谈不上听取你的高见了。

如果此时你能使用"我们"这一字眼,就会立刻使人认为你我利益一致,于是原本坚强的防御堡垒也终会倒塌,听众便会不知不觉中了你的圈套。

尤其是男女的交往更需要注意,不可说"我和你",而必须使用"我们俩",让对方更能产生你我一体的共同意识。

第十三章　打圆场、铺台阶的接话艺术

接巧妙的另一个表现，就是善于为人打圆场、铺台阶。贴金抹粉人人乐为，但令人不齿之事，相信没有人愿意让人传扬。如果在交际中，注意为人遮盖羞处、瞒住隐私，别人便会对你感激不尽，也就会在别的事上弥补你的人情。

如何为人打圆场

作家冯骥才在散文《花脸》中叙述了一个这样打圆场的情节。

"我"从小期待过年,因为过年可以买花脸戴。这一年过年期间,舅舅给"我"买了一个关公的大花脸和一把"青龙偃月刀"。买回来后"我"总戴着这个花脸,幻想自己是"关公"。

大年初一这天,有客人来,"我"就戴着花脸表演关公耍大刀给客人看。这一次又来了一波客人,"我"依旧要表演这个节目,结果用力过猛,不小心把大刀砍到了花架上的古董花瓶上,瓷片、插在瓶里的桃枝和瓶里的水飞向屋里,整得屋里满地狼藉。爸爸见状正要发怒时,前来做客的二姑忽然破颜而笑,嘴里说道:"好啊好啊,大吉大利,岁(碎)岁(碎)平安呀!"

另一位姨婆也马上应和说:"旧的不去,新的不来,不除旧,不迎新。"其他客人也一拥而上,说着各种吉祥话。这些吉祥话神奇地压住了爸爸的火气,爸爸也只能嘿嘿两声,点头说:"啊,好、好、好……"而"我"也幸运地逃过了一次惩罚。

在社交中,谁也不可能预料一切。例如,也许你没想到和你打交道的人是与你有嫌隙的人或者是你竞争对手的朋友,也许你没估计到对方虽是四川人却不喜欢川菜,也许你突然说错了话,等等。这些都很叫人尴尬。这时候,原来所准备应付的情况全变了,一时免不了有些失态,这种场合下的遮羞是非常必要的。

一个人的遮羞能力当然是以人生经验为基础的,经过多次实践,人必定会变得老练精明。与此同时,应变能力也反映着一个人的机智和修养。只有处世功底深厚的人才有可能在情况突然发生变化时化险为夷、化拙为巧,使自己摆脱尴尬境地,并在交际中取得良好的效果。

善于打圆场者,通常能做到以下几点。

(1)无论出现什么情况,都能保持高度的冷静,使自己不失态。例如在一次商务交际中,对方在谈到价格时突然揭了你这一方的老底,说你给某公司的价格很低,而给他们的过高,这实在是太欺负人,等等。贸易伙伴这样揭底,是很伤面子的。如果你不冷静,情绪过分紧张或者激动,很可能应付不了这个局面。接下来或者承认事实,或者愤怒争辩,拼命否认,也很可能当时就不欢而散。但是,你如果很冷静,可能会很快找出理由,比如价格低并不保证退换维修,某一方面没有运用新材料新技术,或者在付款形式、供货期限、质量保证等方面有不同。反正你总能找出合适的理由来挽救局面,为自己的行为找到体面的说法。

(2)在任何情况下,都能够打圆场,淡化和消解矛盾,给自己和对方找台阶,使气氛由紧张变为轻松,由尴尬转为自然。在很多时候替别人解围比为自己掩饰更重要,一方面表示自己对对方的理解和尊重,另一方面也给自己留下余地。

(3)能巧妙地转移话题和分散别人的注意力。他们说错了话或者做错了什么事,除了能迅速承认错误之外,还能巧妙地转移话题,把别人的注意力吸引到其他方面。比如用幽默或玩笑的方式转移目标,把关于某人的事扯到某种事物上面,把令人紧张的话题变成轻松的玩笑等。

给对方一个台阶

不幸的家庭千奇百怪,幸福的家庭却如出一辙——必有一个善于沟通协调的成员。让我们来看几个生活场景吧。

比如,情侣之间吵架了,女方一般愿意妥协,又不甘在嘴上落了下风,往往会通过一些小事情暗示男朋友:"我们已经不再生气了。"比如,即使说生气,依然做饭给男朋友吃。等于告诉男友,我自己生气了和爱你完全是两回事,即使我很生气,但是我也很爱你,会照顾你、体贴你。这种爱的暗示,"能把百炼钢,化作绕指柔",会促使男友回心转意,深入沟通。这其实也是给男朋友一个台阶。暗示他、引导他,给他台阶下,聪明的男生都会好好地和女友聊一聊他的想法,把吵架转化为一个增进了解的契机。

丈夫即使天天洗澡,身上也是油腻腻的。真是应了贾宝玉的话,男人是泥做的。于是妻子对丈夫的一身"泥"深恶痛绝。床单是不能单独给他铺了,毛巾就单独给了他一条。可丈夫不自觉,总爱随手乱用。某次被妻子瞧见,妻子愤然做河东狮吼状:"住手!那是我的专用毛巾!"丈夫烦了,回敬妻子:

"好，好，咱家什么都成你专用的了！"妻子不甘示弱，反驳说："胡说！咱们家除了我的衣服你不能穿，是我自己专用的，还有啥？"丈夫睁大了眼睛把屋子环视了一圈，最后他笑了，拍着自己的胸脯对妻子说："还有我呀！"

婆婆奉承儿媳："你说得太对了，简直是200%的正确！"儿子惊叹："妈妈虽然文化程度不高，居然还知道200%比100%还要大！"儿媳开心，婆婆也颇得意。

岳母跟老岳父斗气，威胁要在春节时离家出走，女婿半认真半开玩笑地替岳母认真分析可行性："您得做中国第一个航天员，否则，很快会被我们找到。不过，航天员完成任务后都会回来，您恐怕也躲不了多久——"岳母听后也不禁转怒为乐了。

妻子同丈夫怄气，饭后越说越气，丈夫只好躲进厨房，百年不遇地洗一次碗。时逢妻子手上捧了两个碟子，一气之下摔向地上，一只粉身碎骨，幸好保存了一只。丈夫闻声冲出厨房，见状狂喜："太好了，我可以少洗一个碟子了！"

演说家麦克法伦在演讲结束之后，喜欢让听众提出问题。有一回，一个人跑到台前，说是要提个问题，实际上他是想发表一番演说。他讲了五分钟还不想收尾。当他滔滔不绝讲完之后，麦克法伦问他："能不能请你把问题再重复一遍？"这句解围的话使全场哄堂大笑，一件不愉快的事情就这样过去了。

拒绝的"缓冲垫"

你是否有过这样的体会：一个人在提出自己的意见后，一旦遭到全盘否定，其自尊心往往会使他采取以牙还牙式的反抗。这种心理反应会极大地阻碍谈判的顺利进行，因此，不论在什么情况下，都应当尽可能地避免上述情况的发生。

相反，一个人在提出自己的意见后，一旦受到某种程度的肯定和重视，人的自尊心会引导心理活动形成一种兴奋优势，这种兴奋优势会给人带来情感上的亲善体验和理智上的满足体验。这种体验一旦发生，就会有利于纠纷的调解，使争执双方的意见达成一致。

根据上述理论，在拒绝对手时，先说"是的"，表示同情和理解，创造一种较为融洽的谈判气氛。在缩短双方之间的心理距离后，再讲"但是"。由于你对对手的某些看法大加赞赏，对手自动停止了自己的讲话，含着笑、点着头，关注地欣赏你对他观点的肯定和发挥。这时，在他眼里，你是与他站在一起的，对立已经不存在了。尽管你也在赞扬的意见里表达了不同意见，那也会变得"好商量"。

美国得克萨斯州国家银行生活保险公司总裁，即《权力营销如何使我在 6 小时内成功》一书的作者皮尔斯·布鲁克博士曾列出两种"是的，……，但是……"拒绝方法的参考句型：

"是的，我能理解为什么事情会那样，但是……"

"是的，你在那件事上当然是正确的，但是，另外一方面……"

这些基本句型可以有许多变化，如"总的来说，您的看法是对的，如果……"

"你没错，假使我站在你的位置上，我也会这样说，但……"

"你的看法我也有同感，问题在于……"

掌握了这些拒绝的缓冲技术，拒绝就不再难以启齿，拒绝的效果如同接受的效果——依然是阳光明媚。

成年人世界是如何说"不"的

在成年人的世界，没有明确的回应就是拒绝。

直接说"不"难免会"伤害"对方。如何把"不"字说得听上去就像"是"字一样悦耳是一门艺术，也是一种技术。

为赢得他人的好感，很多人害怕说"不"——我们总是尽量避免拒绝别人、否定别人、批评别人。即便如此，有些时候，我们还是不得不说出 No！委婉说"不"，口应心不允，既是一种暗示语，也是我们换位思考、理解别人婉拒的途径。

1. 用安抚说"不"

你辛辛苦苦做了一个方案，甲方不满意，但又不想浇灭你的工作热情，往往先给你一定的安抚，再给你一个委婉的回绝。比如："这个方案很好，但是还要看我们老总的意见。"

当别人送礼品给你，而你又不能接受，可以用这样的方式客气地回绝：一是说客气话；二是表示受宠若惊，不敢领受；三是强调对方留着它会有更多的用途。

2. 用拖延表示"不"

你向老板提交了一份申请，老板又不便当场拒绝。往往会说："先放一放，我认真考虑一下再说。"这句话的潜台词，其实是"我是不会答应的"。你若识相，就不宜再提这事儿了。

一位朋友想与你约会，在电话里问你："今天晚上八点钟去跳舞，好吗？"

你可以回答："明天再约吧，到时候我给你去电话。"

你的同事约你星期天去钓鱼，你不想去，可以这样回答："其实我是个钓鱼迷，可自从成了家，星期天就被妻子没收啦！"

3. 用沉默表示"不"

当别人问："你喜欢×××吗？"如果你心里并不喜欢，这时可以不表态，或者一笑置之，别人即会明白。

一位不大熟识的朋友送来请帖，邀请你参加晚会。你若不想去，可以不予回复，它本身就说明你不愿参加这样的活动。

4. 用推脱表示"不"

一位客人请求你替他换个房间，你可以说："对不起，这得值班经理决定，他现在不在。"

有人想找你谈话，你不想谈，可以看看手表说："对不起，我还要参加一个会，改天行吗?"

5. 用回避表示"不"

朋友请你去看了一部拙劣的科幻片，走出影院后，朋友问："你觉得这部片子怎么样?"你可以回答："我更喜欢抒情点的片子。"

你正发烧，但不想告诉朋友，以免对方担心。朋友关心地说："你量量体温吧!"你可以说："不要紧，今天天气不太热。"

6. 用反诘表示"不"

你和别人一起谈论国事，当对方问："你是否认为物价增长过快?"你可以回答："那么你认为增长得太慢了吗?"

追求你的人问："你喜欢我吗?"你可以回答："你认为我喜欢你吗?"

结束语

当我们踌躇满志地从学校踏入社会,往往会发现自己吃了"哑巴亏"。今天,就算你是一个整天面对电脑做研究、搞设计的专家,也需要把你的想法和主张去告诉别人,让别人接受并且心甘情愿地与你合作。

管理者更不用说,计划、组织、控制、协调、培训、授权、会议、激励……都会需要你抛头露面。要是不会说话,就会被你的员工"另眼看待"了。

如果你希望能在工作、生活中,人际关系和谐,做事减少阻力的话,就必须掌握"听"与"说"的语言艺术。

谈话就像打羽毛球、骑自行车和游泳一样,它是一种技能,一旦掌握就永远不会忘。学会倾听与接话的艺术后,人生就仿佛打开了通往新世界的大门,人际关系会得到改善,职场、商场、情场都会逐渐变得顺利。

每个人都会遇到这样一种场合,需要我们说上几句合宜的话。而正是这几句合宜的话,却能够帮我们的大忙,解决我们生活中大大小小的问题。因此,如果我们能够有意地运用一些说话的技巧,就会对我们的生活、工作、事业、爱情有很大的益处,甚至会出现出人意料的奇迹。